JOHANNA LUNDSTRÖM

W0322983

COUDRE LA TOILE DE JEAN

Éditions **marie claire**

SOMMAIRE

INTRODUCTION

Ça vous brûle les doigts d'apprendre à coudre votre premier jean, mais le processus vous intimide un peu ? Ou alors vous avez déjà de l'expérience en la matière, mais souhaitez vous perfectionner pour obtenir un résultat plus professionnel ?

Avec ce livre, mon but est de vous accompagner de A à Z – du choix du denim à l'ajustement du patron pour un tombé parfait, en passant par des pas-à-pas illustrés pour vous aider à confectionner le jean de vos rêves.

J'ai vingt ans d'expérience dans la confection de jeans derrière moi, avec beaucoup d'erreurs au compteur, mais tout autant de leçons apprises. Ce livre est donc une compilation des meilleurs conseils et astuces accumulés au fil des années pour que vous puissiez plonger au cœur du sujet et obtenir des résultats impeccables, même en étant novice. Autant vous dire que c'est le genre d'ouvrage que j'aurais aimé avoir quand je me suis lancée dans la couture du denim.

Comme je sais que vous êtes beaucoup à vous questionner sur les dessous de l'industrie du jean, pendant la rédaction de ce livre, j'ai aussi fait appel à des experts dans le domaine pour vous permettre de créer des jeans dignes de ce nom avec du matériel de couture domestique.

Allez, partons explorer le jean sous toutes ses coutures !

Johanna

CHAPITRE 1

TOILE

GLOSSAIRE TEXTILE

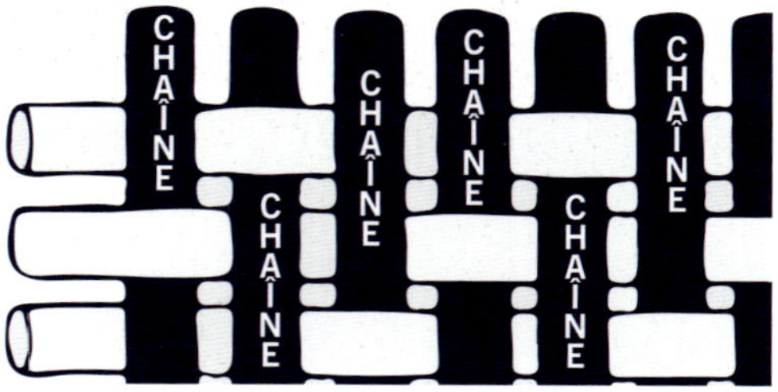

CHAÎNE

Le fil couleur indigo parallèle à la lisière. Les fils de chaîne sont surtout visibles sur l'endroit des toiles denim.

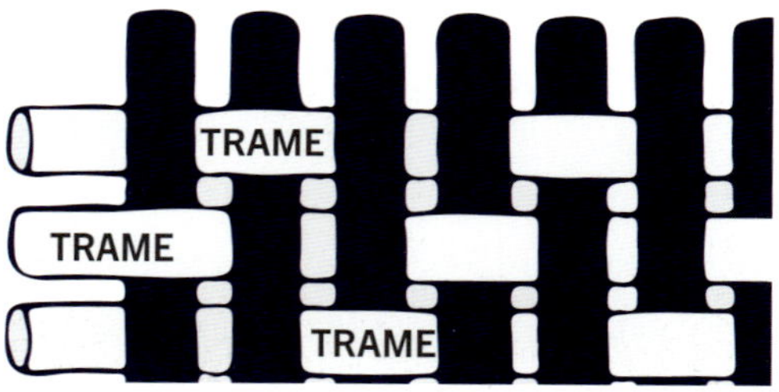

TRAME

Le fil blanc (non teint) perpendiculaire au fil de chaîne, formant ainsi une structure où trame et chaîne s'entrecroisent. Les fils de trame sont surtout visibles sur l'envers du denim.

DENIM 2 × 1 ET 3 × 1

Le tissage du denim est dit « sergé » et se compose de 2 ou 3 fils de chaîne indigo et 1 fil de trame blanc pour chaque passage. Le 2 × 1 (illustré) est plus clair, mais permet quand même d'obtenir un jean assez épais. Le 3 × 1 est plus lourd ; on le retrouve pour le denim selvedge et les toiles denim plus résistantes.

POIDS

Le poids du denim s'exprime en once (oz) par mètre carré. Les denims pesant jusqu'à 12 oz sont considérés comme une toile légère ; ceux de 12 à 16 oz comme une toile courante à épaisse ; et ceux de plus de 16 oz comme une toile lourde, très rigide au tombé, et qui aura besoin d'être portée ou manipulée pour s'assouplir. Les jeans d'aujourd'hui sont, pour la plupart, faits en denim allant de 9 à 14 oz – 12 à 14 oz étant considéré comme la fourchette de poids classique pour un denim.

INDIGO

Une teinture bleue utilisée pour colorer les fils de coton des toiles denim. À l'origine, l'indigo était une teinture naturelle principalement issue d'une plante, l'*Indigofera tinctoria*. Aujourd'hui, cet indigo d'origine végétale est remplacé par des colorants de synthèse.

GUIDE TEXTILE

DENIM

Un tissu sergé qui consiste traditionnellement en un tissage de fils de chaîne indigo et de fils de trame blancs. Du fait des techniques de tissage, les fils bleus sont principalement visibles sur l'endroit de la toile, tandis que le blanc de la trame est principalement visible sur l'envers.

TOILE DROITIÈRE

Sur l'endroit, les diagonales partent de la gauche et remontent vers la droite. Sur l'envers, les diagonales sont dans l'autre sens. Il s'agit de la toile denim la plus couramment utilisée dans les usines d'aujourd'hui.

TOILE GAUCHÈRE

Sur l'endroit, les diagonales du tissage partent de la droite et remontent vers la gauche. Ce type de denim est plus souple que le denim en toile droitière.

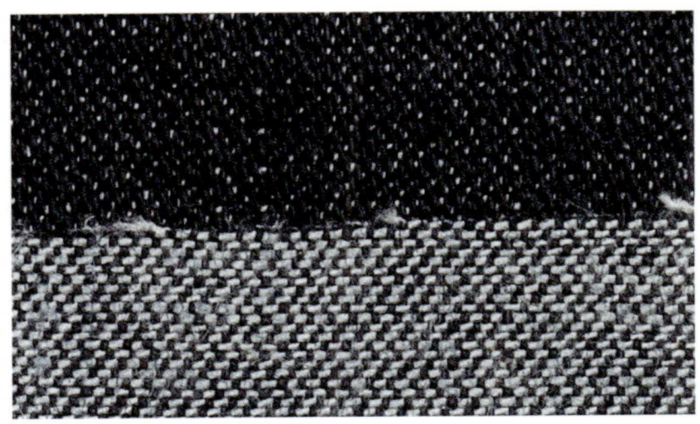

SERGÉ CROISÉ

Le sergé croisé consiste en une alternance droite/gauche du tissage, formant ainsi une structure en zigzag. Il a pour avantage d'empêcher le denim de se déformer – un problème fréquent avec la toile droitière standard.

DENIM STRETCH

Le denim stretch contient un petit pourcentage d'élasthane, qui améliore le confort du jean et l'empêche de se déformer. Cette toile est un mélange coton/élasthane, ou coton/polyester/élasthane – ce dernier est courant pour les jeans super skinny parce que le polyester évite la formation de plis et permet à la toile de ne pas se détendre.

DENIM BRUT

Le denim brut n'a pas été délavé ou usé, ce qui en fait une toile relativement rigide et d'un bleu indigo profond. Les jeans en denim brut gagnent en confort à mesure qu'ils s'assouplissent. Autrement dit, il faut les porter longtemps pour qu'ils épousent les formes du corps avant de les laver.

DENIM TENCEL®

Le denim Tencel® (lyocell) écocertifié est fabriqué à partir de pulpe de bois. Cette toile est moins gourmande en eau et est produite en circuit fermé avec moins de solvants chimiques que le denim traditionnel en coton. Comme le lyocell est plus souple que le coton, pour obtenir la rigidité attendue et recréer les bonnes propriétés d'un denim pour jeans, il est courant de faire un mélange lyocell/coton.

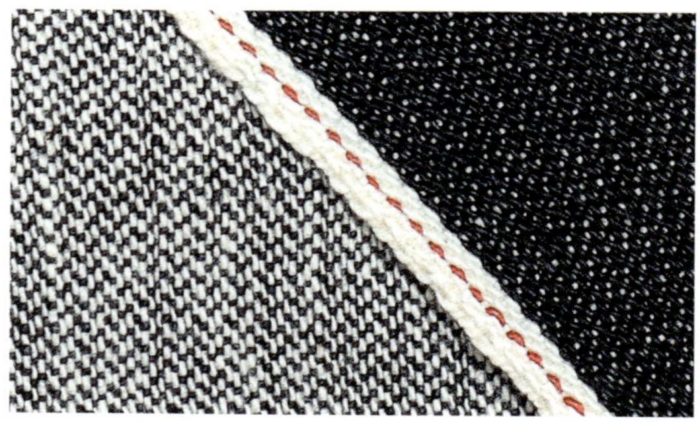

DENIM SELVEDGE (OU TOILE JAPONAISE)

Le denim selvedge (contraction de *self-finished edge*, littéralement « bords finis ») est renforcé aux extrémités pour ne pas s'effilocher – il s'agit souvent d'un liseré blanc piqué avec un fil de couleur contrastante. Il est habituellement fabriqué sur d'anciens métiers à tisser de petite largeur à navettes, ce qui donne généralement une toile d'environ 75-85 cm de largeur.

DÉLAVAGE STONEWASHED

Le denim stonewashed a un aspect porté et délavé qui imite l'aspect d'un jean naturellement usé par le temps. Il doit son nom aux pierres ponces utilisées pour créer cet effet, même si, aujourd'hui, on peut obtenir un résultat similaire grâce à des enzymes.

DÉLAVAGE AUX ENZYMES

Les enzymes sont des protéines utilisées pour assouplir et apporter une finition à la toile en créant un effet délavé et usé, mais de façon plus écologique qu'un délavage traditionnel.

ROPING

Le motif de vaguelettes faisant penser à un cordage au niveau de l'ourlet. Il est généralement créé de manière artificielle en usine pour imiter l'effet d'un jean porté ou délavé.

DÉLAVAGE À MOUSTACHES

Il s'agit des plis sur le devant au niveau des hanches créés artificiellement en usine au papier de verre ou au laser, par exemple, pour imiter l'aspect des jeans naturellement patinés par le temps.

DENIM DE CHANVRE

Le chanvre nécessite moins d'eau et de pesticides que le coton, ce qui en fait une alternative plus écologique. Il existe aujourd'hui des toiles denim en mélange chanvre/coton. Le chanvre est une fibre rêche, plus rigide que le coton et qui rétrécit plus que ce dernier. De fait, le denim 100 % chanvre n'est pas idéal.

DENIM « BULL »

Le denim dit « bull » est un tissu sergé épais, mais contrairement au denim standard, les fils de chaîne et de trame sont de la même couleur, créant ainsi un tissage uniforme sans fil blanc.

CHAMBRAY

Comme le denim, le chambray se compose d'un fil de chaîne coloré et d'un fil de trame blanc. La différence réside dans le tissage, simple pour le chambray avec une alternance 1 × 1, tandis que le denim est un tissage sergé où le fil de chaîne passe par-dessus 2 ou 3 fils de trame.

AUTRES COLORIS

Le denim peut être réalisé à partir d'une multitude de fils de chaîne de coloris différents – rouge, noir ou marron, par exemple. Le denim traditionnel conserve les fils de trame blancs, peu importe la couleur du fil de chaîne.

GUIDE RAPIDE : CHOISIR LE BON DENIM

JEAN DE STYLE VINTAGE

Choisissez un denim bleu foncé non délavé, de préférence du denim selvedge. Poids : 12-16 oz. Un denim plus épais peut s'avérer compliqué à travailler avec une machine à coudre domestique, en plus d'avoir un toucher très rigide.

JEAN SKINNY

Optez pour un denim avec de l'élasthane qui offre au moins 20 % d'élasticité en largeur, voire plus pour des jeans super skinny. Voir les instructions sur les patrons pour des conseils supplémentaires concernant le choix de la toile. Poids : 9-12 oz, selon le style – en sachant qu'un denim plus léger peut laisser deviner l'anatomie.

JEAN LARGE

Choisissez un denim plus souple avec un joli drapé et tombé. Poids : 9-13 oz.

JEAN COUPE DROITE, BOYFRIEND ET BOOTCUT

Toutes les toiles conviennent pour ces styles – coton, mélange chanvre/coton, ou mélange lyocell/coton. Pour une meilleure liberté de mouvement, utilisez une toile avec 1 à 2 % d'élasthane. Poids : 12-14 oz.

JEAN TROMPETTE

Optez pour une toile qui n'est pas trop rigide. Pour les jeans trompettes ajustés au niveau des hanches, une toile avec 1 à 2 % d'élasthane offrira plus de confort et de tenue. Poids : 10-13 oz.

JEGGING

Le jegging (jean facile à enfiler) est un legging qui ressemble à un jean. Il est fait en tissu maille extensible. Optez pour un tissu maille imitation jean en coton/polyester/élasthane d'épaisseur moyenne.

ENTRETIEN DU DENIM

FAUT-IL PRÉLAVER LA TOILE AVANT DE LA DÉCOUPER ?

Cela dépend du résultat souhaité. Le denim brut, non lavé, aura généralement tendance à rétrécir et dégorger – avec la possibilité, donc, de tacher d'autres textiles. En ce sens, il semble logique de prélaver la toile au moins une fois, tout en gardant en tête que le denim risque de continuer à dégorger et rétrécir un peu lors des lavages suivants. Pour les personnes qui, au contraire, souhaitent une patine naturelle et progressive, il est conseillé de ne pas prélaver le jean et de le porter un certain temps avant de le laver. Certains aficionados préfèrent même attendre plusieurs mois avant de faire prendre son premier bain à leur jean.

MARGE DE RÉTRÉCISSEMENT

À moins que le denim soit passé par un protocole de délavage – enzymes ou pierres ponces – rigoureux en usine, la toile rétrécira. Le denim brut, non délavé, peut perdre jusqu'à 10 % de sa longueur (et bien moins en largeur). En règle générale, la plupart des denims rétrécissent d'au moins 2 à 5 % en longueur, selon le tissage et le prétraitement.

Pour connaître le taux de rétrécissement de votre toile, découpez un échantillon d'environ 10 cm de côté, et lavez-le avec votre programme habituel. Une fois lavé, reprenez les mesures de l'échantillon pour les comparer aux mesures originales en veillant bien à ce que l'horizontale et la verticale soient correctes. Voir page 8 pour en savoir plus sur le sens des fils de chaîne et de trame.

Une toile qui s'effiloche pendant le lavage risque de rétrécir davantage, il faut donc éviter de découper l'échantillon près d'un bord. Comme le denim rétrécit surtout en longueur, et que le rétrécissement éventuel en largeur se résorbe en portant le jean, si vous utilisez une toile non lavée, vous n'aurez généralement besoin d'ajouter quelques centimètres au patron que sur la longueur.

LAVER SON JEAN

Lavage à la main

L'eau chaude permettra de mieux faire dégorger la teinture que l'eau froide, en plus d'accentuer le phénomène de rétrécissement. Un lavage à la main sera plus doux qu'un lavage en machine, je vous recommande donc de laver vos jeans chouchous avec de la lessive et de l'eau tiède dans une baignoire ou un lavabo – gardez juste en tête que l'indigo peut tacher l'émail. Vous pouvez aussi le faire dans un évier de cuisine, s'il est en métal.

Lavage en machine

Retournez le jean, remontez la fermeture à glissière et attachez les boutons. Le lavage sur l'envers permet de mieux conserver la couleur, et fermer la braguette de ne pas créer d'usure supplémentaire. Comme l'indigo a tendance à déteindre, évitez de laver un jean en denim foncé avec d'autres vêtements.

Optez pour un programme court et délicat à l'eau tiède, 35-40 °C. Pour les denims plus foncés, utilisez une lessive conçue pour préserver l'éclat des couleurs.

SÉCHAGE

Le sèche-linge accélère le phénomène d'usure. Pour limiter les dommages, optez pour un cycle délicat à basse température, et retirez le jean avant séchage complet. Suspendez-le ensuite avec des pinces à linge pour qu'il finisse de sécher à l'air libre.

Si vous mettez des jeans en denim stretch au sèche-linge, faites attention, car l'élasthane est sensible à la chaleur et aux frictions – cela peut donc entraîner la décomposition de certains fils et, à terme, une perte d'élasticité.

Pour prendre mieux soin de la toile, évitez le sèche-linge et optez pour un séchage à l'air libre, sans source de chaleur supplémentaire.

RAVIVER DU DENIM

Il existe des teintures spéciales pour raviver les denims délavés, mais elles teindront également les fils de trame blancs qui font toute l'identité de la toile denim.

5 CHOSES QUI POSENT PROBLÈME AVEC LES JEANS EN DENIM

1. Le denim épuise nos ressources en eau. Selon le WWF, il faut compter environ 10 000 litres d'eau pour produire les 700 grammes de coton nécessaires à la fabrication d'un jean. Cela peut donc conduire à une pénurie de cette denrée précieuse qu'est l'eau douce.

2. Les teintures et lavages polluent l'eau. Si les eaux usées sont rejetées directement dans les cours d'eau, cela peut avoir des conséquences extrêmement néfastes autant pour la faune et la flore que les populations. Souvent chargée en produits chimiques, métaux et teinture bleu foncé toxiques, l'eau polluée n'est plus propre à la consommation ou à l'usage ménager. Les produits chimiques peuvent faire cloquer la peau, et des études ont conclu que certaines teintures peuvent être liées à un risque accru de cancer (Z. Singh et P. Chadha, « Textile Industry and Occupational Cancer », *Journal of Occupational Medicine and Toxicology*, 2016, vol. 11, n° 39).

3. Les techniques de finition du denim peuvent mettre en danger les travailleurs et travailleuses. Le sablage, le cirage, la pulvérisation de produits chimiques et l'application de teinture sont des techniques de finition courantes, mais qui peuvent s'avérer dangereuses pour la santé des travailleurs et travailleuses.

4. Les mauvaises conditions de travail. La plupart des toiles et vêtements en denim sont fabriqués dans des pays où les salaires sont souvent très bas et les volumes horaires très importants. Le faible niveau de sécurité, l'exposition aux produits chimiques et à la poussière, et l'absence de droit du travail restent monnaie courante dans de nombreuses usines textiles du globe.

5. Les éléments métalliques rendent les jeans plus difficiles à recycler. Les rivets, fermetures à glissière, boutons, écussons et étiquettes doivent être retirés avant de pouvoir envoyer les jeans au broyeur pour être recyclés.

5 FAÇONS DE RENDRE LES JEANS PLUS DURABLES

1. Fabriquez des jeans conçus pour durer. Optez pour des éléments de mercerie et une toile de bonne qualité, vérifiez bien les mesures avant de passer à la découpe, utilisez les bonnes techniques, prenez soin de vos jeans faits main et réparez-les si besoin.

2. Optez pour un denim à base de chanvre ou de lyocell – de préférence mélangé à du coton biologique ou recyclé. Le chanvre et le lyocell sont moins gourmands en énergie, eau et produits chimiques toxiques que le coton conventionnel.

3. Dites non aux produits chimiques toxiques. Évitez les toiles qui ont été traitées à la Javel pour obtenir un aspect porté, délavé.

4. Limitez au maximum l'utilisation des éléments en métal. Utilisez des barrettes de renfort plutôt que des rivets, et des boutons en métal à coudre plutôt qu'à clipser – vous arriverez plus facilement à les retirer le jour où vous devrez mettre votre jean au recyclage.

5. Achetez du denim certifié. Vérifiez que la certification Fair Trade de la WFTO garantissant les bonnes conditions de travail et les écocertifications officielles assurant des méthodes de production respectueuses de l'environnement sont bien présentes.

COUPER DU DENIM

PRÉLAVAGE

La toile denim non traitée aura tendance à rétrécir, surtout en longueur, et ce même après le premier lavage. Prélavez la toile ou modifiez le patron de façon à prévoir une marge supplémentaire pour anticiper le rétrécissement. Pour plus de détails sur le prélavage du denim, voir *Entretien du denim*, page 14.

PRÉREPASSAGE

Si après lavage et stockage votre denim est froissé, repassez-le avant de passer à la découpe.

SENS DE COUPE

Le denim sergé classique peut se découper dans les deux sens, ce qui veut dire que vous pouvez faire pivoter les pièces du patron à 180° pour économiser de la toile. Si vous utilisez un tissu à poils, comme du velours côtelé ou ras, toutes les pièces doivent être découpées dans le même sens parce que le coloris et la brillance changent selon l'angle. Pour le denim brut, non traité, optez pour un plan de coupe où les pièces identiques sont les unes à côté des autres (mais en sens inverse) pour éviter que les coutures ne vrillent.

PLAN DE COUPE PLIÉ OU OUVERT

Quand vous travaillez avec des laizes de denim plus larges, vous pouvez découper la toile au niveau de la pliure pour gagner du temps et de la place. Pour les denims tissés sur un métier étroit, il vous faudra peut-être découper chaque pièce une par une sur un plan ouvert, surtout si vous confectionnez un jean qui utilise la lisière comme bord extérieur (plan B). Si le denim est très épais, il est aussi conseillé de découper chaque pièce une par une sur un plan de coupe ouvert.

A. Plan de coupe plié

DÉCOUPE ×1

DÉCOUPE SUR LA PLIURE

DÉCOUPE ×2

REDRESSER UNE TOILE

Pour que le droit-fil soit parfait en vue de découper une toile pliée, redressez la trame en faisant une entaille sur l'un des bords pour ensuite déchirer la toile sur toute la largeur.

PLIER LA TOILE POUR LA DÉCOUPE

Alignez le bord déchiré à la lisière. Lissez la toile pour retirer les éventuels plis ou bosses.

POINTS DE REPÈRE

Utilisez votre méthode de marquage préférée pour reporter les points de repère sur la toile (p. ex. : crans, traçage à la craie ou marquage au fil). La technique la plus rapide est de découper des petits crans dans la marge de couture avec une paire de ciseaux bien aiguisés. N'oubliez pas que ces crans peuvent devenir difficiles à voir une fois les bords surfilés. Dans ce cas, faites un deuxième marquage à la craie pour une meilleure visibilité.

ENDROIT OU ENVERS

Le jean peut être découpé sur l'endroit ou sur l'envers, mais une découpe sur l'endroit facilite généralement le marquage, car la craie se voit mieux sur le côté plus sombre du denim.

AGENCER LES PIÈCES D'UN PATRON

Mesurez la distance entre la lisière et les flèches du droit-fil. Cette mesure doit être la même de haut en bas de la flèche pour chaque pièce du patron. Pour maintenir la toile en place, les poids de coupe sont souvent mieux que les épingles, qui peuvent avoir tendance à légèrement déformer la toile et être difficiles à piquer correctement dans un denim épais au tissage serré.

MATÉRIEL DE DÉCOUPE

Pour découper du denim, optez pour un cutter rotatif avec un tapis de découpe, ou des ciseaux de couture très bien aiguisés.

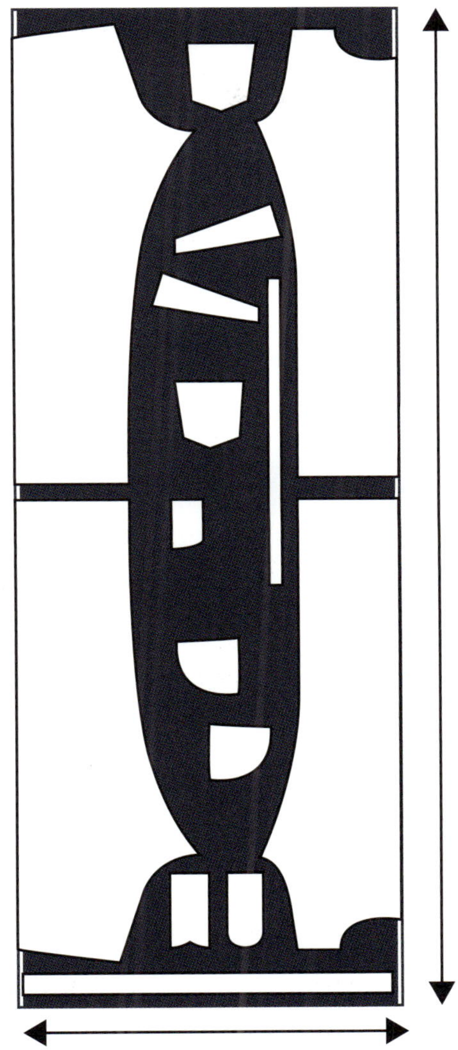

B. Lisière, plan de coupe ouvert

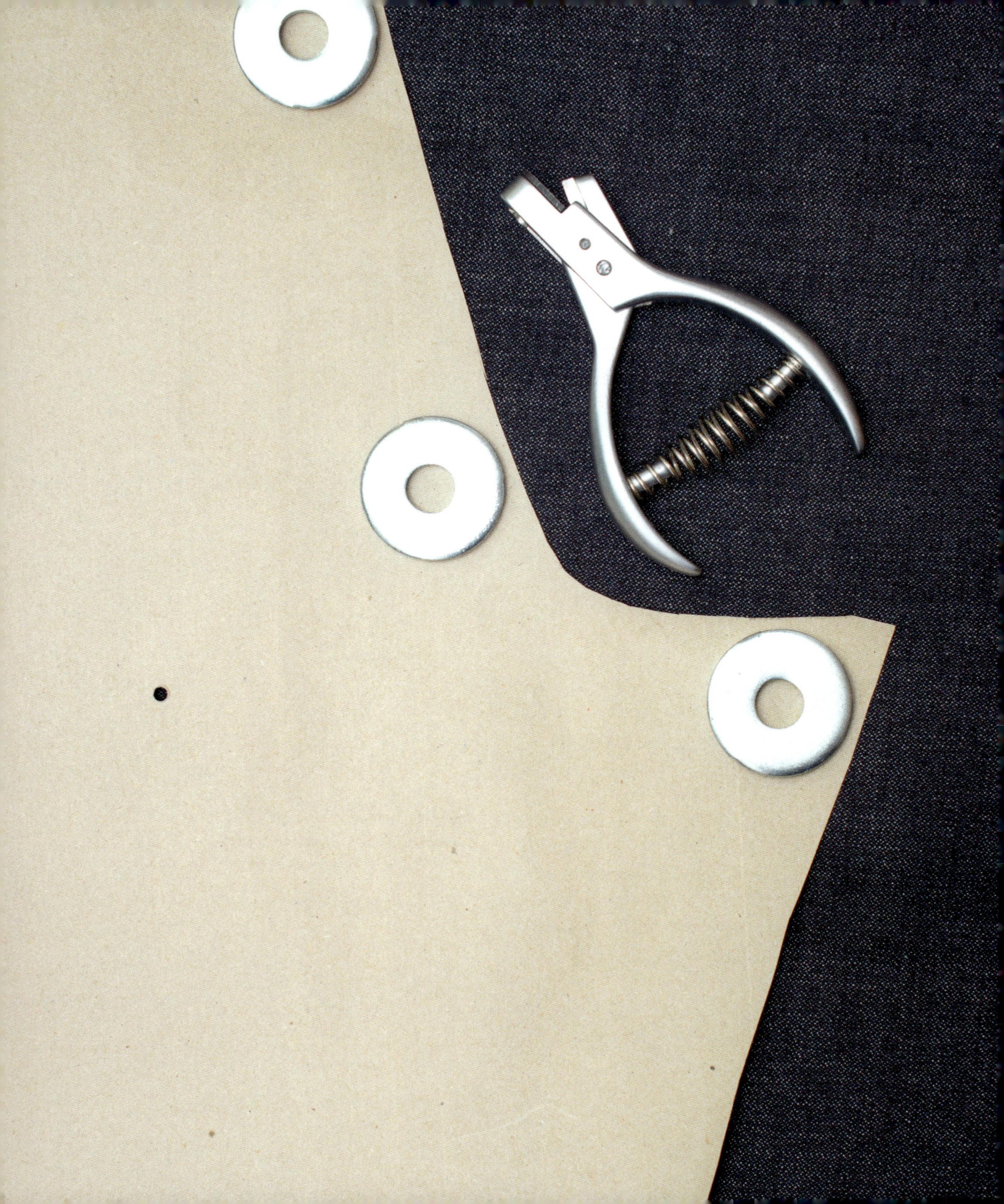

CHAPITRE 2

PATRONS

PIÈCES D'UN PATRON DE JEAN

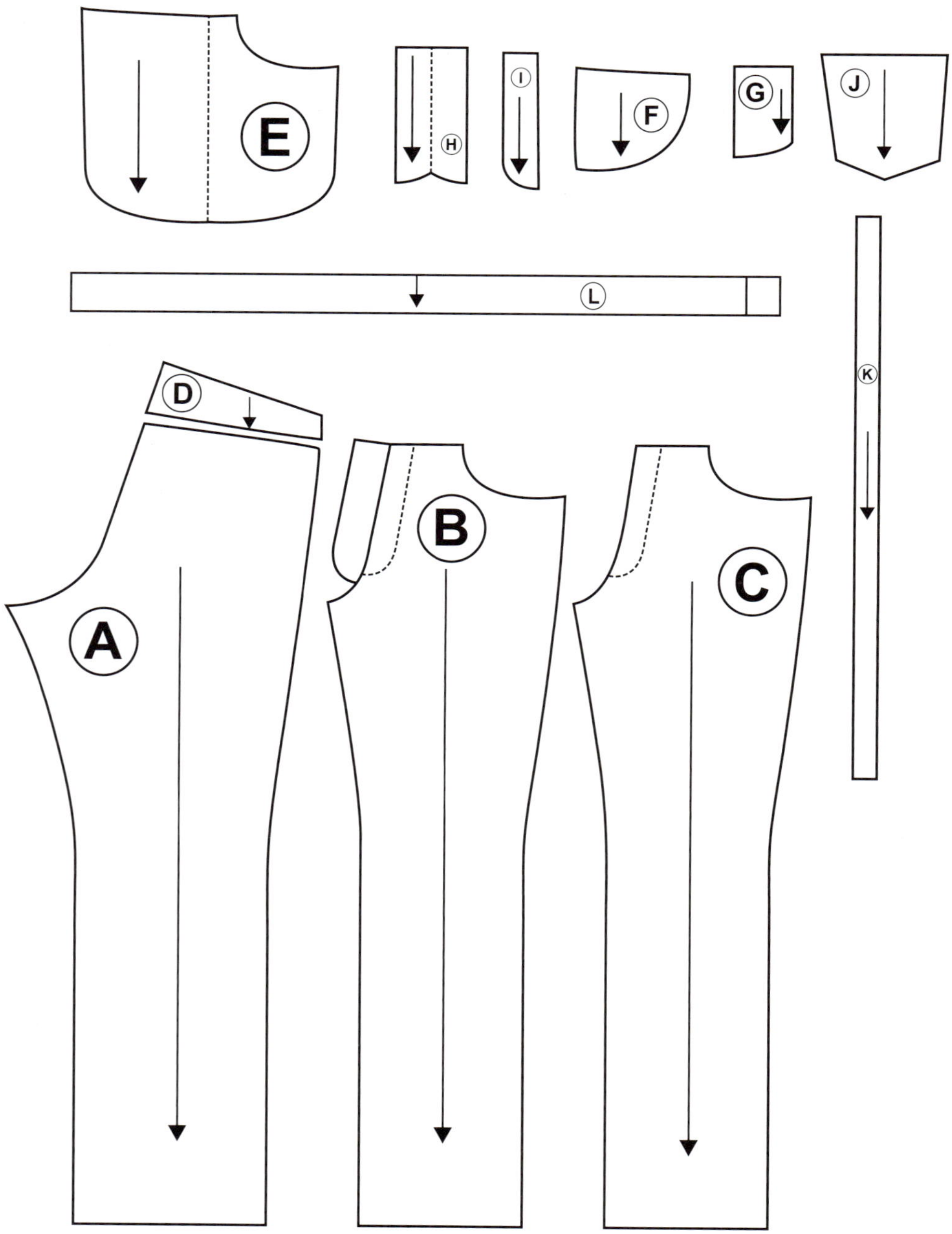

A. Dos
B. Devant avec parementure
C. Devant sans parementure
D. Empiècement

E. Fond de poche avant
F. Empiècement de hanche
G. Poche gousset
H. Sous-pont de braguette

I. Parementure de braguette
J. Poche arrière
K. Passant de ceinture
L. Ceinture

GUIDE POUR LES MARGES DE COUTURE

Une bonne maîtrise des marges de couture rend la confection plus facile et plus précise. Les marges indiquées dans ce guide se basent sur les pratiques de l'industrie textile, mais peuvent, bien entendu, être adaptées à votre projet et votre méthode de couture préférée.

Coutures latérales, empiècement et fourche (à la surjeteuse)
12 mm

Coutures rabattues
12 à 25 mm
selon la méthode utilisée

Marge d'ourlet (double tour)
30 mm

Ceinture (L)
10-12 mm sur tous les côtés

Poche arrière (J)
Ouverture (double tour)
25 mm
Côtés et bord inférieur (tour simple)
12 mm

Ouverture de poche devant (B et C)
8 mm

Fond de poche avant (E)
Ouverture de poche
8 mm
Couture latérale fond de poche
12 mm
Bord inférieur fond de poche
Couture anglaise de 20 mm
Surjet de 12 mm

Empiècement de hanche (F)
Haut (pris dans la ceinture)
10-12 mm
Couture latérale
12 mm
Bord inférieur
Aucune si surjeté
8 mm si replié

Milieu devant (braguette à fermeture à glissière et à boutons)
Milieu devant gauche (C)
12 mm
Milieu devant droit (B)
12 mm, et si le patron ne comprend pas de parementure intégrée (en extension), ajoutez 6 mm le long de la zone de braguette pour le sous-pont

Poche gousset (G)
Ouverture (double tour)
25 mm
Côtés (tour simple)
12 mm
Bord inférieur
Aucune si seulement surjeté
12 mm si replié

Sous-pont de braguette (H)
Couture latérale
12 mm
Haut (pris dans la ceinture)
10-12 mm
Bord inférieur
12 mm si replié
Aucune si seulement surjeté

Parementure de braguette (I)
Couture milieu devant
12 mm
Bord supérieur (pris dans la ceinture)
10-12 mm
Bord inférieur
Aucune si le bord n'est pas replié et surjeté

MODIFIER UN PATRON

JEAN SELVEDGE

Sur un jean selvedge, la couture latérale (extérieure) est découpée le long du liseré décoratif de la toile. Autrement dit, cette couture doit être droite – ce qui nécessite de modifier un peu le patron.

Habituellement, un jean selvedge est porté avec un revers, il faut donc ajouter quelques centimètres en prévision de ce(s) revers. Un revers standard sur un jean selvedge correspond à un tour simple d'environ 5 cm.

1. Redressez les coutures latérales. Dessinez des lignes verticales de haut en bas pour les pièces devant et dos.

2. Réduisez la largeur côté couture intérieure du devant. Partez de l'extrémité de la fourche, ou légèrement en dessous, et fuselez graduellement de façon à ce que la largeur au niveau du genou soit à peu près la même que celle de la pièce originale du patron.

3. Reprenez la fourche du dos. Retirez environ 20 mm à l'extrémité de la fourche. Vérifiez que la longueur de la fourche reste à peu près la même que celle de la pièce originale du patron.

4. Réduisez la largeur côté couture intérieure du dos. Partez de la fourche modifiée et fuselez de façon à ce que la largeur au niveau du genou soit à peu près la même que celle de la pièce originale du patron.

5. Rallongez la jambe. Ajoutez environ 5 cm en longueur pour un revers simple ou plus pour un double tour.

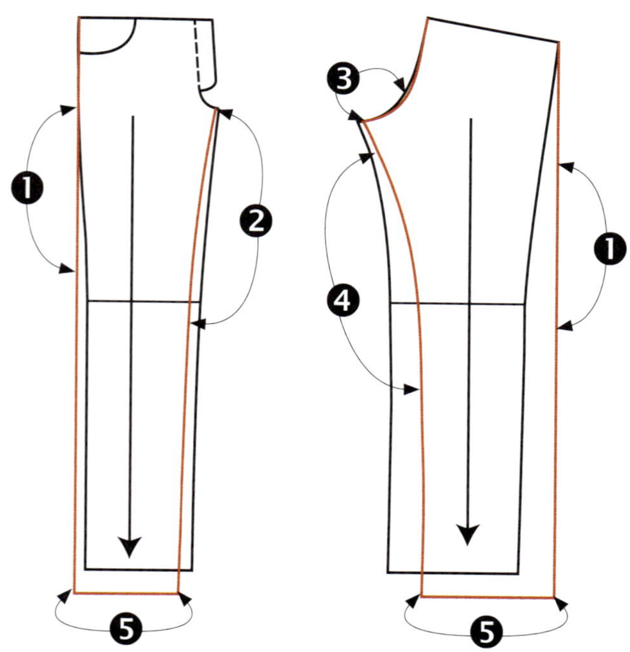

JEAN SKINNY

Ces modifications permettent de transformer un patron de jean droit sans élasthane en un jean skinny en denim stretch.

Les mesures indiquées ne sont que des suggestions et dépendront de facteurs comme le patron d'origine, le choix de toile et vos préférences personnelles.

1. Retirez environ 5 mm au bord côté ceinture sur le devant. Dessinez une courbe pour rejoindre les hanches.

2. Retirez environ 5 mm à la fourche au milieu dos.

3. Creusez la courbure de la fourche d'environ 15-20 mm.

4. Réduisez la largeur de l'empiècement au milieu dos. Retirez autant à l'empiècement que vous l'avez fait pour la fourche au milieu dos (2).

5. Retirez la somme de 1 et 2 à la ceinture au milieu dos. Ici, 10 mm en tout.

6. Reprenez la couture intérieure du dos. Retirez environ 15 mm à la fourche et fuselez graduellement pour finir avec 20 mm de moins au niveau du genou.

7. Reprenez la couture intérieure du devant. Retirez environ 10 mm à la fourche et fuselez graduellement pour finir avec 20 mm de moins au niveau du genou.

8. Reprenez la couture latérale du devant. Partez de la cuisse et fuselez graduellement pour finir avec 20 mm de moins au niveau du genou.

9. Reprenez la couture latérale du dos. Partez de l'extérieur de la cuisse et fuselez graduellement pour finir avec 20 mm de moins au niveau du genou.

10. Fuselez et raccourcissez l'ourlet. Retirez 20-25 mm de tous les côtés et 5 cm en bas de la jambe.

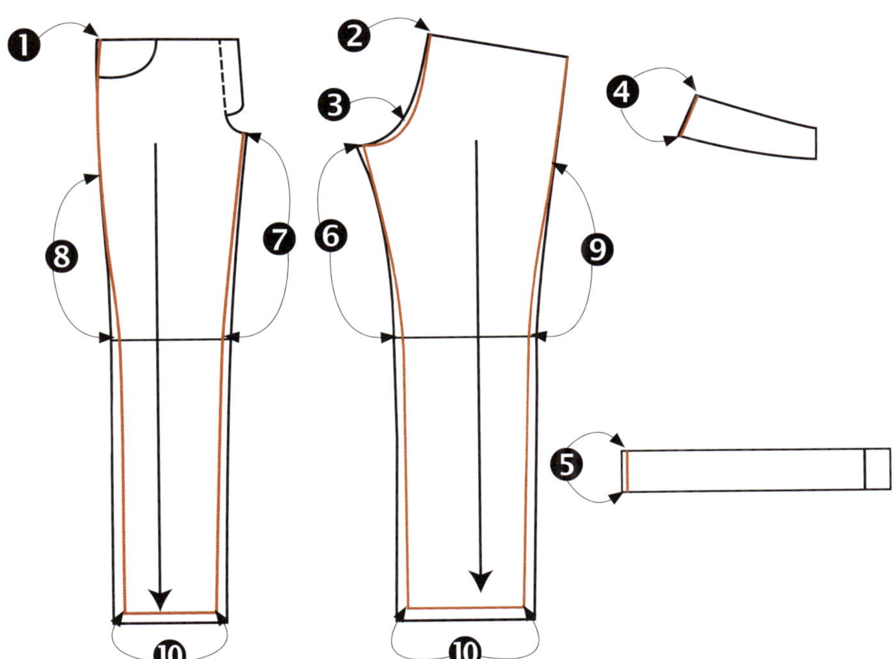

JEAN TROMPETTE

Aussi appelé « jean à pattes d'éléphant », le jean trompette a des bas de jambe très évasés. On crée cet effet en élargissant les coutures intérieures et latérales. Ce style est généralement ample au niveau des hanches et des cuisses contrairement au jean bootcut dont la coupe est plus ajustée.

1. Reprenez la couture extérieure devant et dos. Partez du haut de la hanche et évasez progressivement. Pour un effet plus marqué, l'angle d'évasement doit augmenter à partir du genou. Selon l'ouverture de jambe du patron d'origine, ajoutez au moins 5 cm à l'ourlet côté couture latérale.

2. Reprenez la couture intérieure du dos. Partez de la fourche et évasez la couture intérieure en dessinant une légère courbe.

3. Accentuez l'évasement à partir du genou. Évasez à partir du genou de façon à augmenter autant la largeur que pour les coutures latérales (ici, 5 cm).

4. Reprenez la couture intérieure du devant. Évasez progressivement en partant de la fourche. Augmentez l'angle d'évasement à partir du genou de façon à élargir toute la jambe (ici, 5 cm).

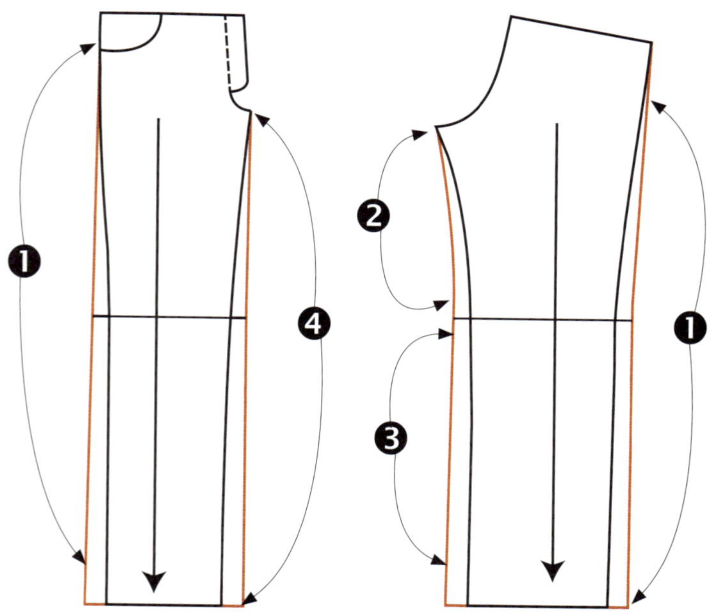

JEAN BOOTCUT

Le jean bootcut est fuselé au niveau du genou et légèrement évasé en bas.

1. Reprenez la couture latérale du devant. Fuselez progressivement en partant de la fourche pour finir avec environ 12-20 mm en moins au genou.

2. Reprenez la couture latérale du dos. Fuselez progressivement en partant de la fourche pour finir avec environ 12-20 mm en moins au genou.

3. Reprenez la couture intérieure du devant. Fuselez progressivement en partant de la fourche pour finir avec environ 12-20 mm en moins au niveau du genou.

4. Reprenez la couture intérieure du dos. Fuselez progressivement en partant de la fourche pour finir avec environ 12-20 mm en moins au genou.

5. Ajoutez environ 20 mm à l'ouverture de tous les côtés. Évasez progressivement du genou à l'ourlet.

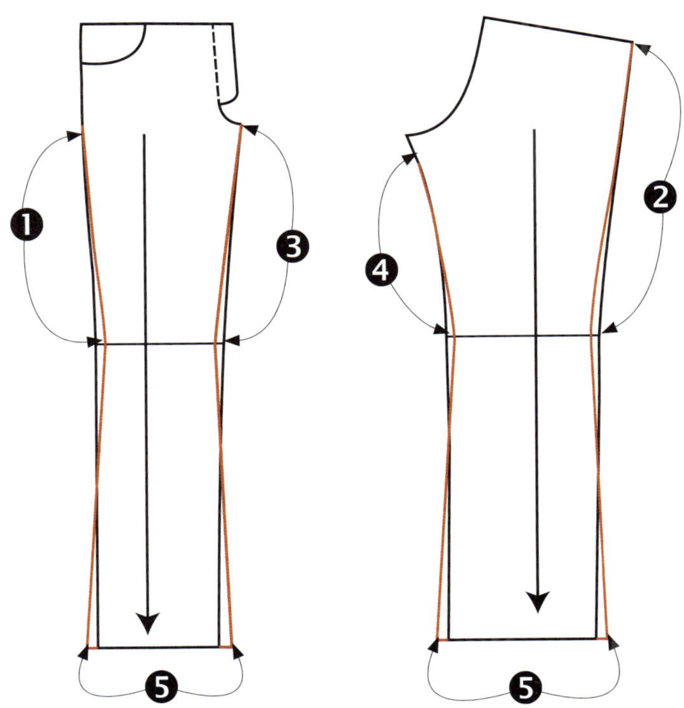

DESSINER UNE CEINTURE EN FORME

La coupe d'une ceinture en forme est légèrement inclinée et plus ajustée sur le dessus, ce qui peut éviter que le dos bâille, en plus d'améliorer le confort du vêtement, car cette coupe offre plus d'élasticité, même sur du denim 100 % coton. La méthode détaillée ici est idéale si vous souhaitez ajouter une légère courbe à une ceinture droite. Pour une ceinture encore plus ajustée, crantez et chevauchez la ceinture à plus d'endroits que suggéré dans le tutoriel.

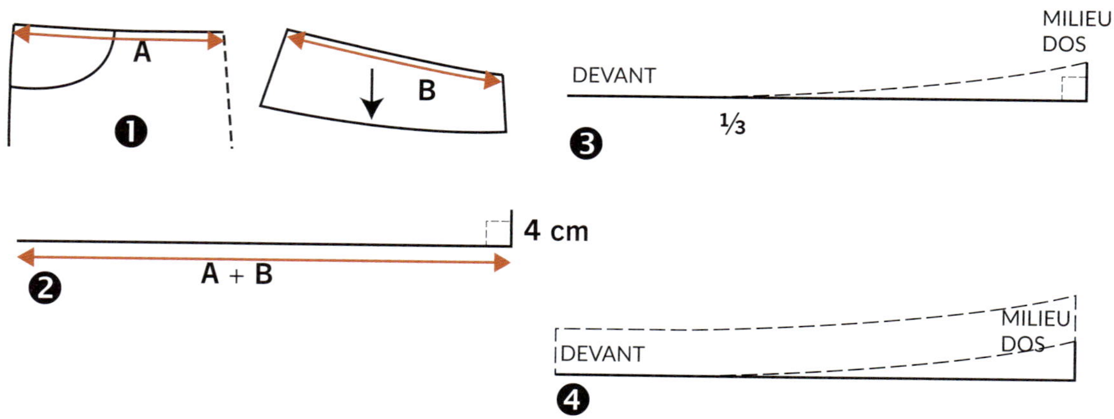

1. Mesurez la ceinture. Mesurez la longueur des bords supérieurs de l'empiècement et du devant (marges de couture non comprises). Cette mesure correspond à la moitié de la circonférence de la ceinture. Vous pouvez obtenir la même information en mesurant la longueur de la ceinture droite, marges de couture et extension de braguette non comprises.

2. Tracez des lignes perpendiculaires sur du papier calque. La ligne horizontale doit être aussi longue que la mesure prise à l'étape 1 (la moitié de la circonférence de la ceinture). La ligne verticale doit mesurer environ 4 cm.

3. Dessinez la ceinture. À partir du tiers, incurvez la ligne vers le haut pour rejoindre la ligne verticale. Mesurez la ligne incurvée pour vérifier qu'elle est de la même longueur que la circonférence de la ceinture. Si besoin, ajoutez ou retirez un peu de longueur au milieu devant (le premier tiers non incurvé).

4. Tracez une deuxième ligne parallèle. La distance qui sépare les lignes doit correspondre à la largeur de la ceinture (marges de couture non comprises) – 3,5-5 cm est une bonne fourchette pour une ceinture en forme créée à partir de cette méthode. Découpez le papier sur lequel vous avez dessiné la ceinture.

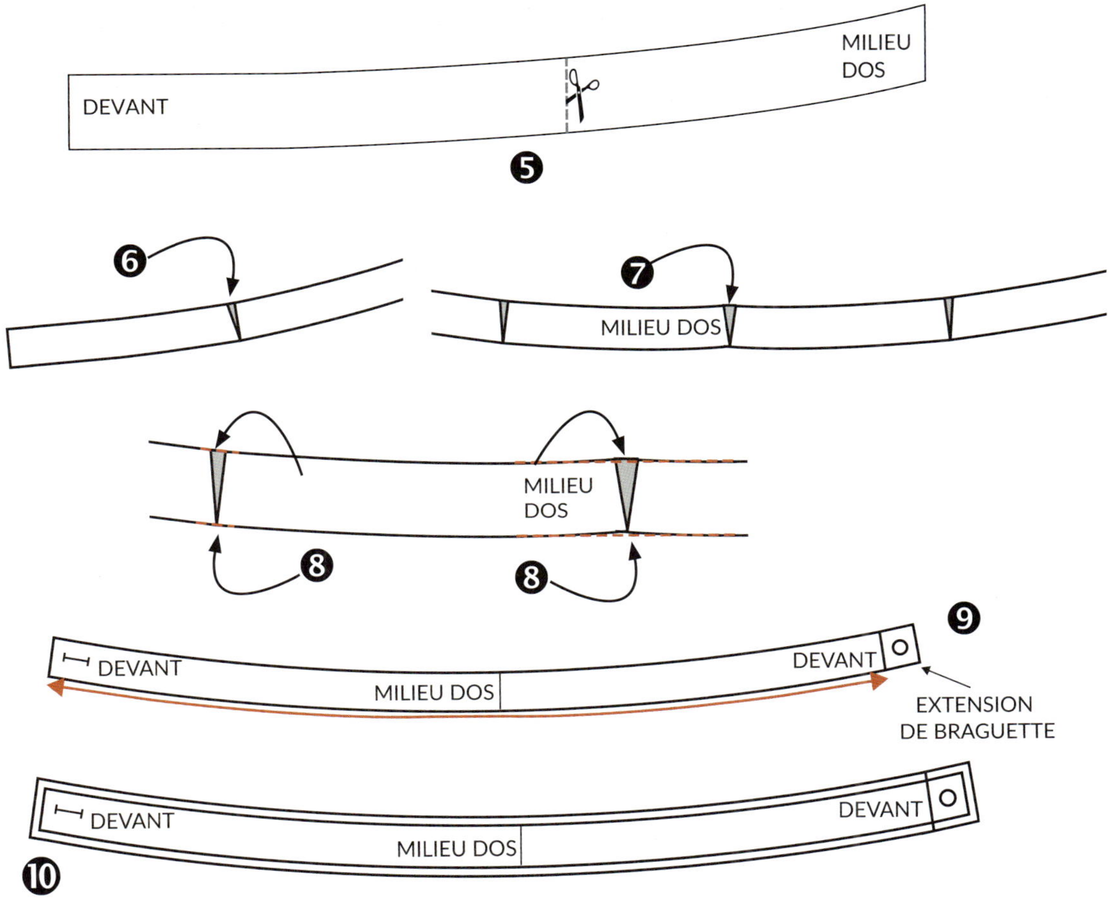

5. Coupez la ceinture à la verticale. Réalisez cette découpure à peu près au milieu de la pièce de patron.

6. Chevauchez les bords pour resserrer la ceinture. Commencez par l'un des côtés ; resserrez le bord supérieur en inclinant les parties découpées l'une vers l'autre pour les chevaucher. Scotchez.

7. Répétez de l'autre côté et chevauchez les deux pièces au milieu dos pour resserrer davantage le bord supérieur. Mesurez le bord supérieur de la ceinture pour vérifier qu'il est à la bonne longueur pour votre anatomie. Scotchez.

8. Lissez les courbes. Ajoutez ensuite un droit-fil à la verticale au milieu dos. Reportez le patron sur la toile après avoir effectué les modifications.

9. Ajoutez une extension de braguette sur le côté gauche de la ceinture. Si vous modifiez un patron complet avec une ceinture droite, ajoutez la même largeur ici que sur la ceinture originale. Vous pouvez sinon ajouter environ 4 cm pour l'extension. Faites un marquage pour repérer le bouton et la boutonnière.

10. Ajoutez les marges de couture. Ajoutez environ 10 mm de marges de couture sur tous les côtés.

AJUSTER UN PATRON À SA MORPHOLOGIE

Dans cette partie, vous allez apprendre à modifier un patron pour l'ajuster à votre morphologie. L'ajustement des pantalons est un sujet complexe qui pourrait faire l'objet d'un livre à part entière – pour plus de ressources sur le sujet, je vous invite donc à consulter la liste d'ouvrages page 189.

SOURIRES

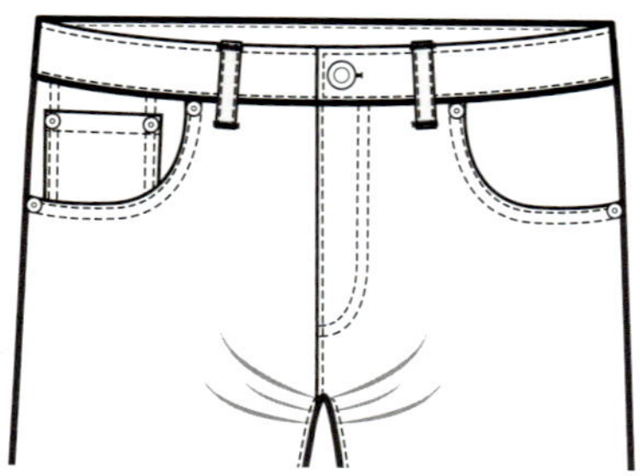

PROBLÈME : La toile est tendue au niveau des cuisses, créant des plis à l'horizontale ou en diagonale (comme des sourires) qui partent de l'entrejambe. Cela indique qu'il n'y a pas assez de toile au niveau de l'entre-jambe et du haut des cuisses.

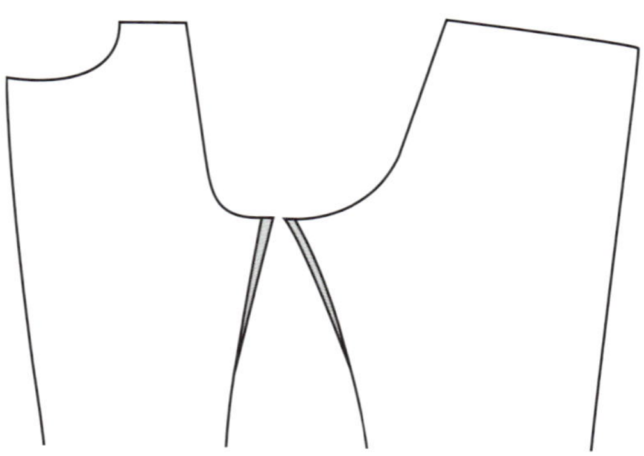

SOLUTION : Élargissez côté couture intérieure sur la pièce devant et/ou dos, selon la zone où se trouvent les plis. Cela va permettre de créer une fourche plus longue et d'avoir plus d'aisance au niveau des cuisses.

PLIS SUR LE BAS DES HANCHES

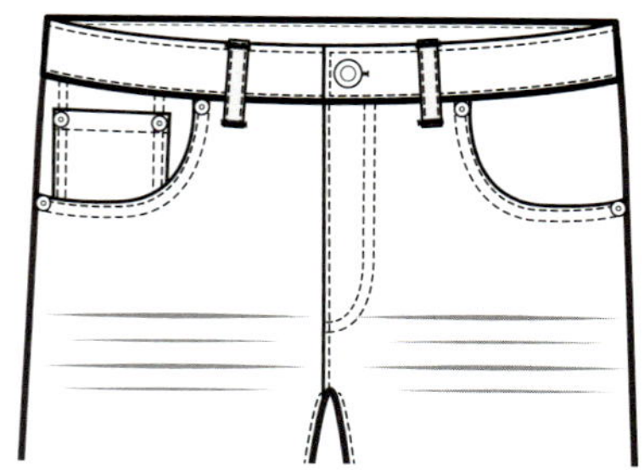

PROBLÈME : Le jean est trop serré. Les plis sont surtout visibles devant, sur le bas des hanches, juste au-dessus des cuisses.

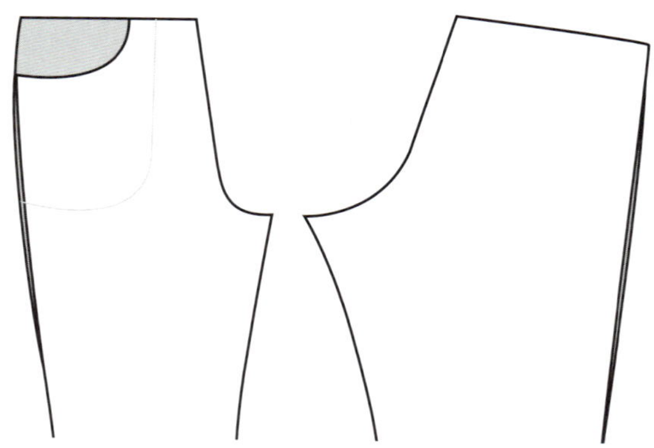

SOLUTION : Élargissez côté coutures latérales (extérieures) des pièces devant et dos. Il est difficile de se débarrasser complètement de ce problème sur les jeans stretch super skinny parce que leur coupe est volontairement très ajustée au niveau de cette zone.

ZONES DE TENSION AU NIVEAU DES FESSES

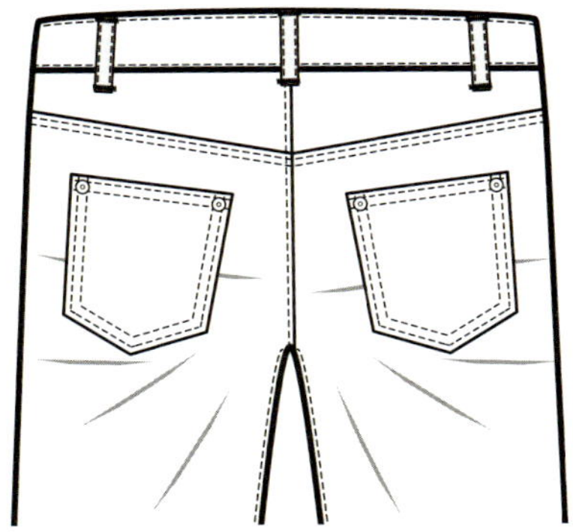

PROBLÈME : Plis au niveau des fesses. Le jean est trop serré quand on s'assied et peut avoir tendance à descendre. La fourche dos est trop courte et il n'y a pas assez d'aisance au niveau des hanches. C'est un problème courant pour les personnes avec des fesses volumineuses.

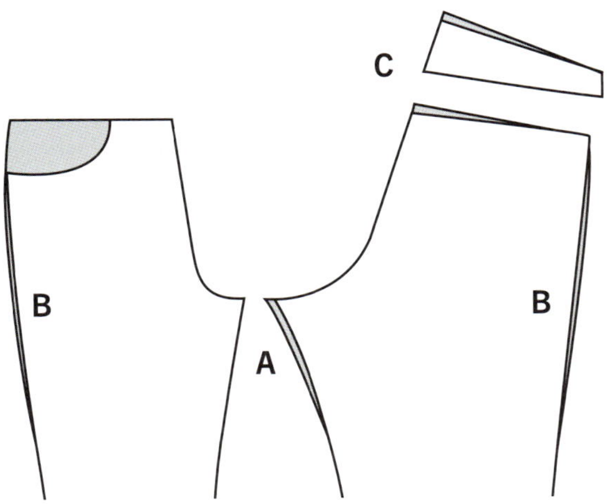

SOLUTION : On résout généralement ce problème grâce à plusieurs petites modifications plutôt qu'un seul et unique ajustement.

A. Élargissez côté couture intérieure du dos. Cela va allonger la fourche et ajouter de l'aisance au niveau des hanches et du haut des cuisses.

B. Élargissez côté coutures latérales au niveau des hanches.

C. Si besoin, augmentez la hauteur de la fourche, sur la pièce dos ou l'empiècement, ou, idéalement, un mélange des deux.

PLIS SOUS LES FESSES

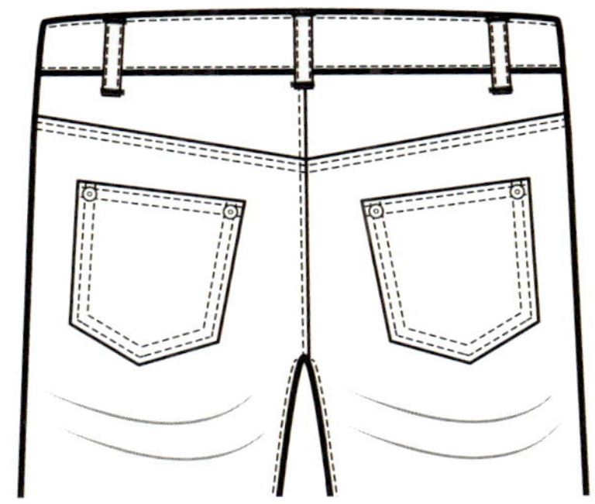

PROBLÈME : Un surplus de toile trop lâche qui forme des plis à l'horizontale ou en diagonale en dessous des fesses. C'est un problème que rencontrent les personnes avec des fesses plus plates qui ne remplissent pas assez le jean.

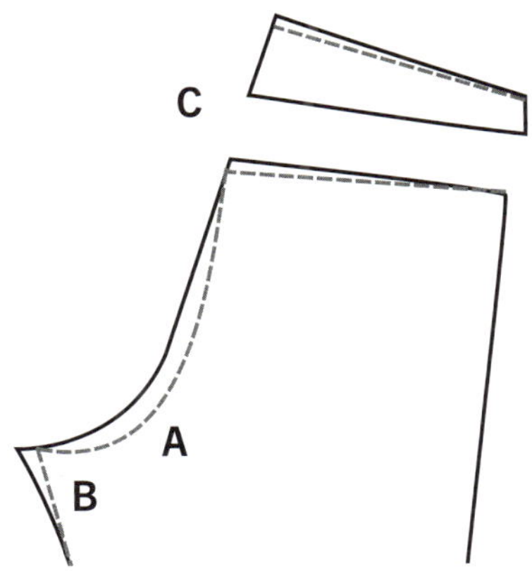

SOLUTION : Commencez par retirer de la matière en creusant la courbure de la fourche (**A**). Si besoin, reprenez également la couture intérieure pour raccourcir la fourche (**B**). Pour raccourcir la fourche, une autre option consiste à abaisser la ceinture milieu dos sur l'empiècement et/ou la pièce dos (**C**).

PLIS AU NIVEAU DU VENTRE

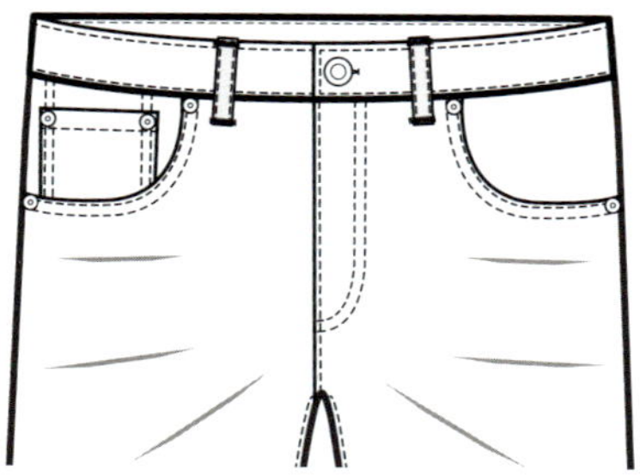

PROBLÈME : Des plis à l'horizontale et en diagonale sur le ventre et le haut des hanches indiquent que le jean est trop serré au niveau du ventre.

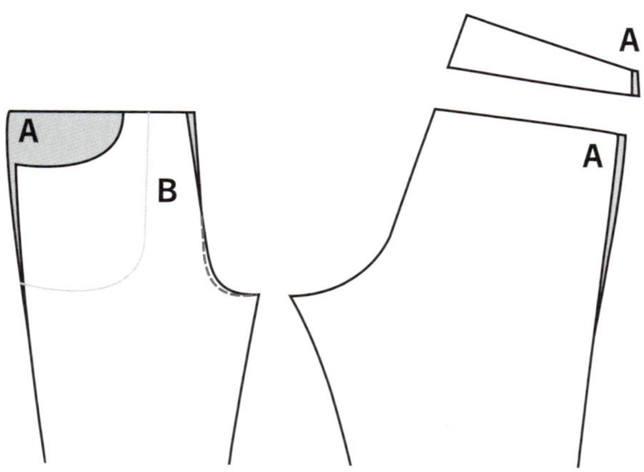

SOLUTION : Élargissez côté coutures latérales (**A**) et fourche devant, et redressez l'angle de courbure de la fourche devant (**B**). Si vous élargissez le haut du jean, pensez à modifier la longueur de la ceinture.

PLIS EN DESSOUS DE LA CEINTURE

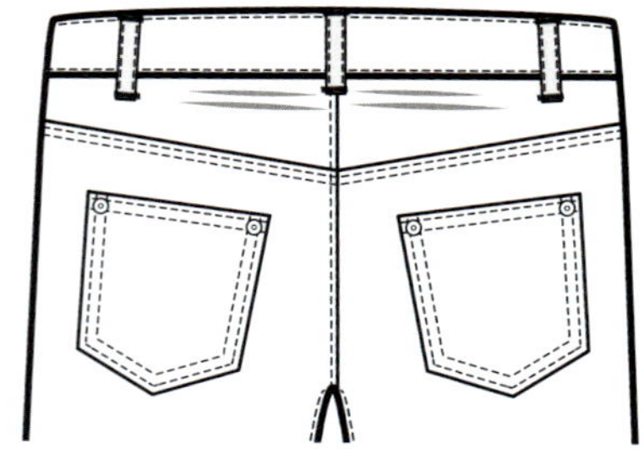

PROBLÈME : Le jean s'affaisse et bâille au niveau du dos, ce qui crée des plis horizontaux au milieu dos. Cela est dû à la cambrure du dos.

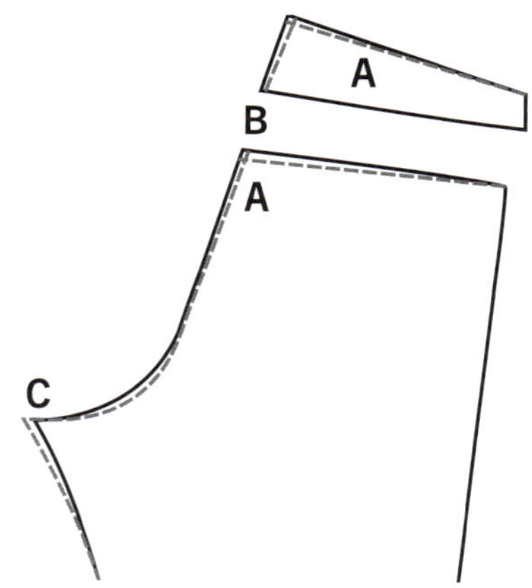

SOLUTION : Ce problème nécessite souvent de réaliser plusieurs modifications. Commencez par abaisser légèrement l'arrière de la ceinture sur l'empiècement, le dos ou un mélange des deux (**A**).

Si, en plus des plis, le dos bâille, reprenez légèrement la fourche milieu dos sur l'empiècement et le dos (**B**). Pour d'autres options de modification, voir la partie Dos qui bâille, page 34.

Pour éviter que le jean ne tombe à cause d'une fourche dos plus courte, allongez légèrement la fourche dos (**C**).

PLIS VERTICAUX AU NIVEAU DES CUISSES

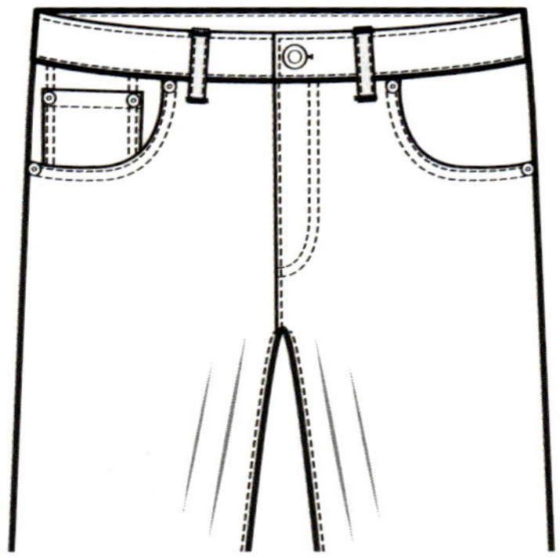

PROBLÈME : Des plis verticaux sur l'intérieur des cuisses. Cela est dû à un excédent de toile au niveau de la couture intérieure du jean.

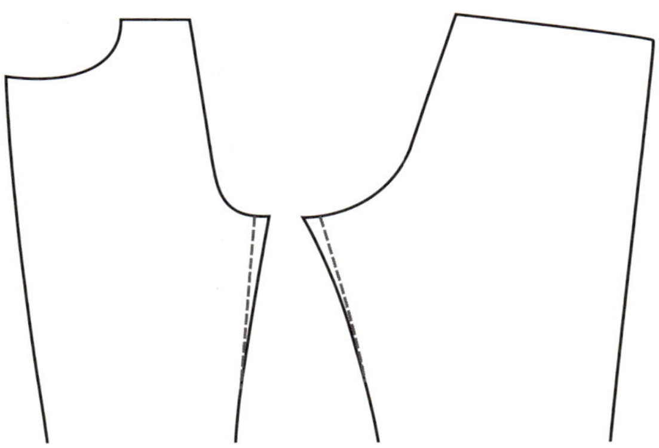

SOLUTION : Reprenez la couture intérieure de façon à raccourcir la fourche sur la pièce devant ou dos, ou les deux, selon l'emplacement des plis.

PLIS VERTICAUX À L'ENTREJAMBE

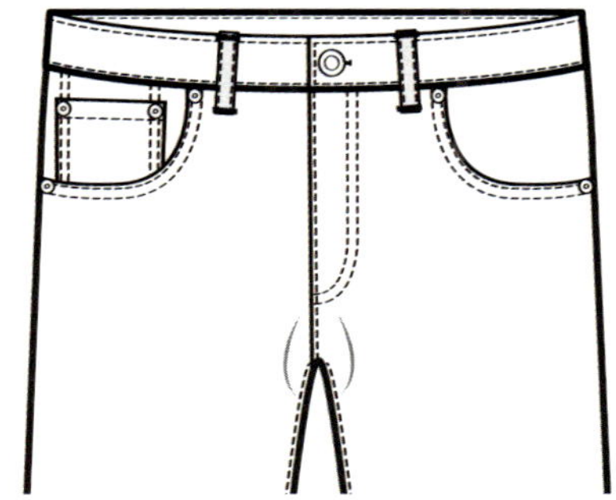

PROBLÈME : Un surplus de toile qui crée des plis incurvés verticaux au niveau de l'entrejambe, juste au-dessus des cuisses.

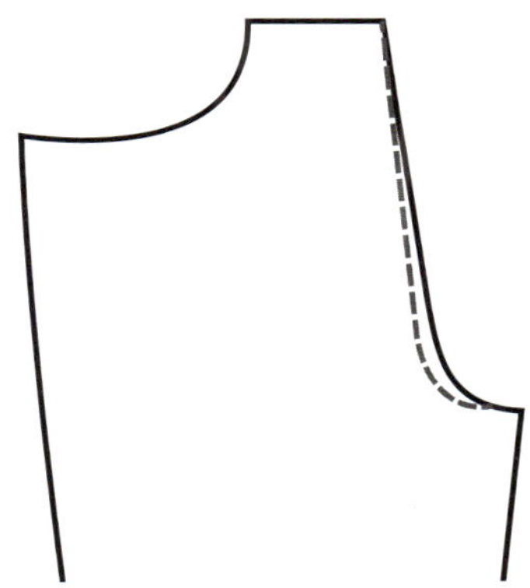

SOLUTION : Il faut creuser la courbure de la fourche. Retirez de la matière au niveau de la fourche jusqu'à ce que les plis disparaissent. Vous pouvez aussi résoudre ce problème en redressant la fourche.

RACCOURCIR ET RALLONGER UN JEAN

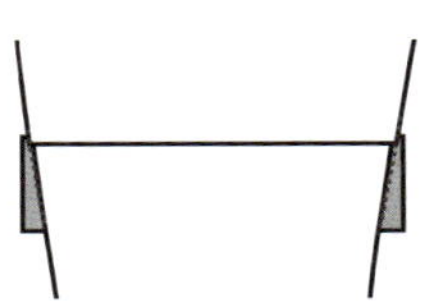

RACCOURCIR : Pliez le patron au niveau de la zone qui a besoin d'être raccourcie (p. ex. : au-dessus du genou). Glissez une feuille en dessous et dessinez les nouvelles coutures latérales (intérieure et extérieure).

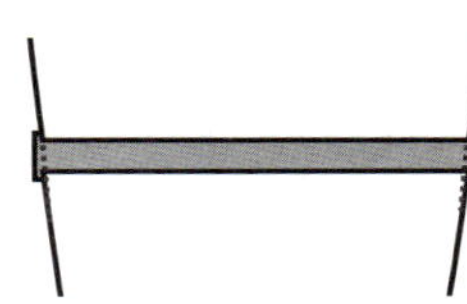

RALLONGER : Découpez le patron au niveau de la zone qui a besoin d'être rallongée (p. ex. : en dessous du genou). Glissez-y une feuille de papier en dessous pour combler l'espace et dessinez les nouvelles coutures latérales.

DOS QUI BÂILLE

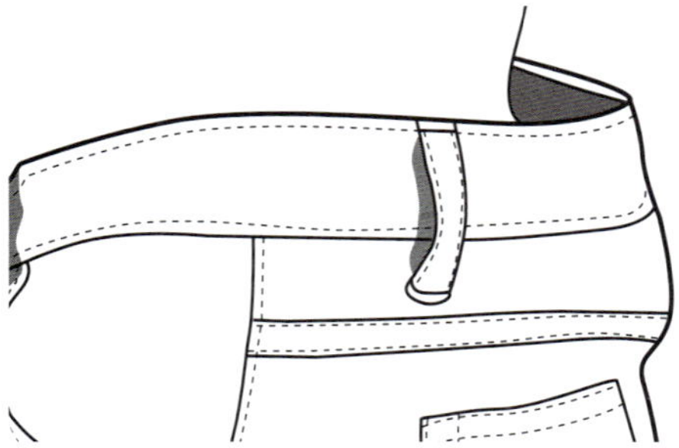

PROBLÈME : Le jean bâille dans le dos parce que le haut du pantalon est trop large.

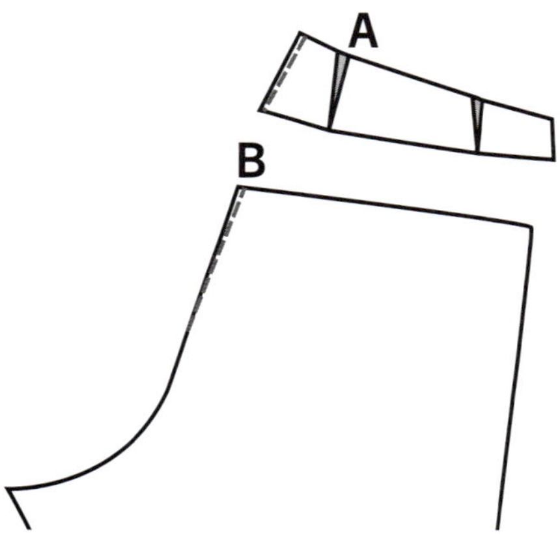

SOLUTION : Réduisez la largeur au niveau du dos en procédant comme suit :

Crantez l'empiècement à deux endroits et chevauchez les parties pour resserrer le bord supérieur (**A**). Si ce n'est pas suffisant, reprenez la couture de la fourche dos. Commencez sur la pièce dos et retirez progressivement de la matière en remontant vers l'empiècement (**B**).

Une ceinture en forme plutôt qu'une ceinture droite peut être une autre façon de résoudre le problème. Voir *Dessiner une ceinture en forme*, page 28, pour découvrir comment faire.

MOLLETS TROP SERRÉS

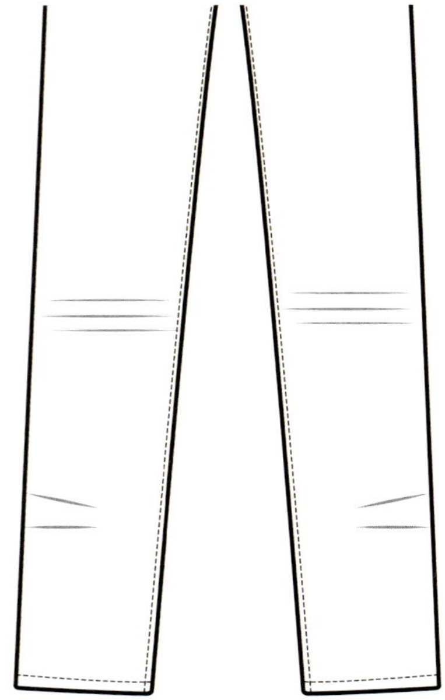

PROBLÈME : Le jean est serré au niveau des mollets, les coutures latérales sont tirées vers l'arrière, et le jean a tendance à remonter et former des fronces au niveau du genou.

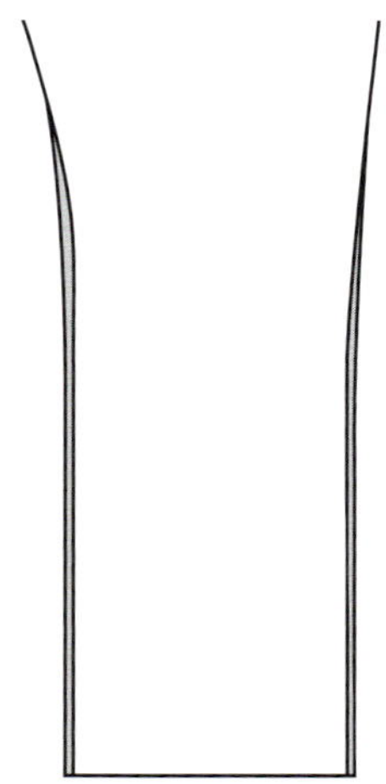

SOLUTION : En partant juste au-dessus du genou, élargissez progressivement en redessinant les coutures latérales (intérieures et extérieures) du dos.

REMARQUES IMPORTANTES CONCERNANT L'AJUSTEMENT

- Il est difficile d'essayer un jean en cours d'assemblage (voir le processus pages 65 et suivantes). Il est donc mieux d'effectuer les modifications sur un vêtement d'essai confectionné en un tissu/toile dont les caractéristiques sont similaires au denim que vous avez prévu d'utiliser. Vous pouvez sinon utiliser un patron reporté sur du papier de soie et réaliser les modifications à même le corps.
- Un jean que vous possédez déjà vous plaît ? Il peut vous servir de point de départ – prenez les mesures à plat au niveau des hanches, des cuisses et de la taille, ainsi que la longueur de la fourche et l'aisance.
- Gardez en tête que certaines modifications peuvent entraîner d'autres problèmes d'ajustement. En raccourcissant la fourche pour retirer de la matière, par exemple, il est possible que la fourche descende quand vous vous asseyez. C'est pour cela qu'il est souvent mieux de réaliser plusieurs petites modifications plutôt qu'une seule.
- Comme le dos se compose de deux pièces – l'empiècement et le dos des jambes –, il faudra peut-être modifier le patron de chacune d'elles pour obtenir un ajustement équilibré.
- Quand vous élargissez côté couture extérieure du devant, vous devez aussi augmenter proportionnellement le fond de poche et l'empiècement de hanche. Gardez aussi en tête que l'extérieur de la partie supérieure du devant ne se compose que du fond de poche et de l'empiècement de hanche et non du devant en lui-même.
- Vérifiez toujours la longueur des coutures intérieures et extérieures modifiées pour que les coutures des pièces dos et devant soient de même longueur. Le haut de la courbe sur la couture intérieure du dos doit, par contre, être légèrement plus court que la couture intérieure correspondante du devant, et étirée au moment d'être piquée.
- Si vous modifiez la forme de l'empiècement et les parties supérieures du dos, vérifiez que les mesures correspondent toujours.
- Quand vous ajustez la largeur au niveau de la taille, n'oubliez pas de modifier aussi le patron de la ceinture.
- Ne vous lancez pas dans la chasse au moindre pli si c'est au détriment du confort de votre jean. Le denim va aussi prendre une autre forme et se détendre en étant porté, il ne faut donc pas vous attendre à ce que le jean vous aille tous les jours de la même manière.

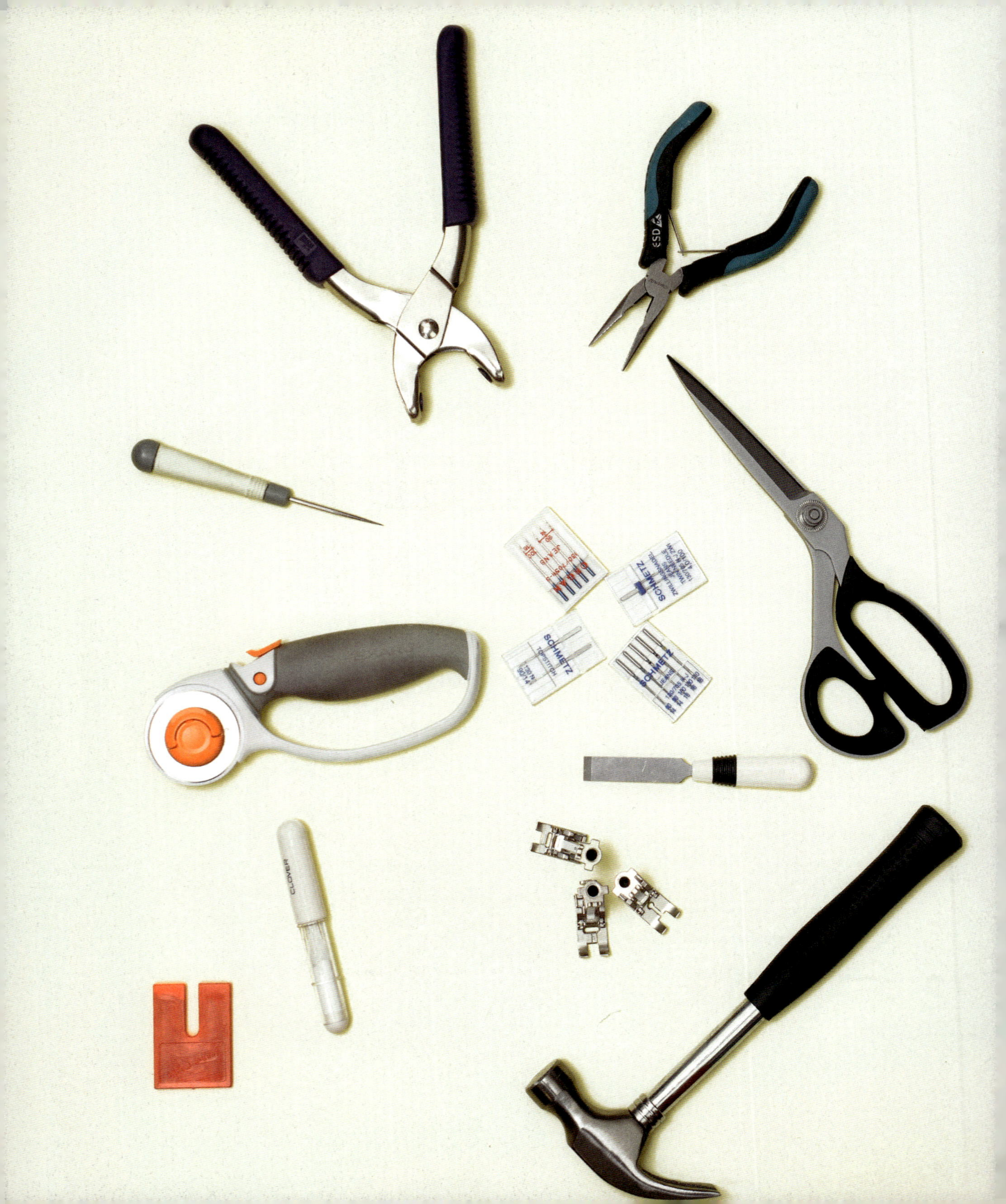
ESD
SCHMETZ
SCHMETZ
SCHMETZ
CLOVER

CHAPITRE 3

MATÉRIEL ET MERCERIE

MATÉRIEL POUR MACHINE À COUDRE

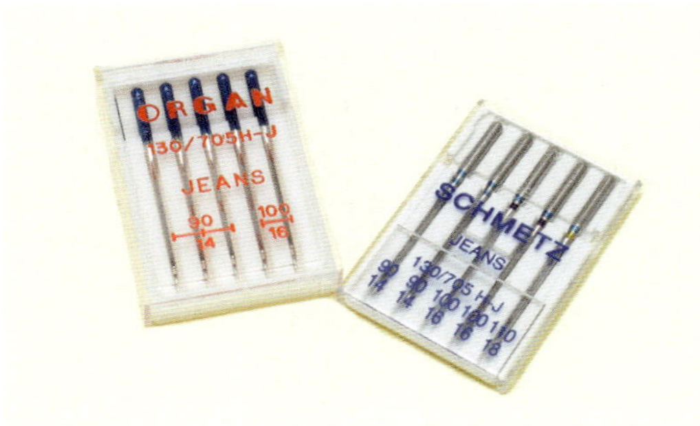

AIGUILLES À DENIM POUR MACHINE À COUDRE

Des aiguilles renforcées conçues pour piquer à travers les toiles épaisses sans se casser. Existent en différentes tailles. Pour avoir un bon éventail d'aiguilles permettant de coudre différents denims, il est bien d'avoir du 90/14, du 100/16 et du 110/18.

AIGUILLES POUR SURPIQUER

Le chas de ces aiguilles est plus gros et peut donc accommoder les fils épais, ce qui en fait une bonne option pour surpiquer le denim. Optez pour du 90/14 ou du 100/16 selon l'épaisseur de la toile.

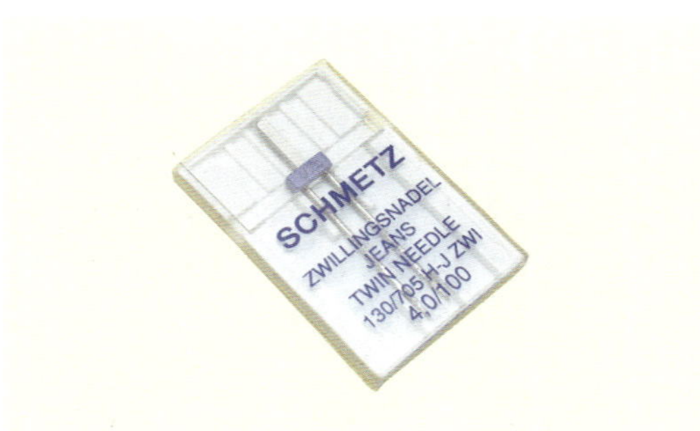

AIGUILLE DOUBLE SPÉCIAL DENIM

Une aiguille double conçue pour piquer le denim et autres tissus épais. Peut être utilisée pour surpiquer et confectionner des passants de ceinture à la machine à coudre.

PIED STANDARD

Le pied (presseur) standard peut être utilisé pour réaliser la plupart des coutures d'un jean – même les boutonnières quand elles sont cousues en piqué libre.

PIED DANS LA COUTURE

Pied muni d'un guide qui facilite la réalisation de surpiqûres régulières près des bords et des coutures.

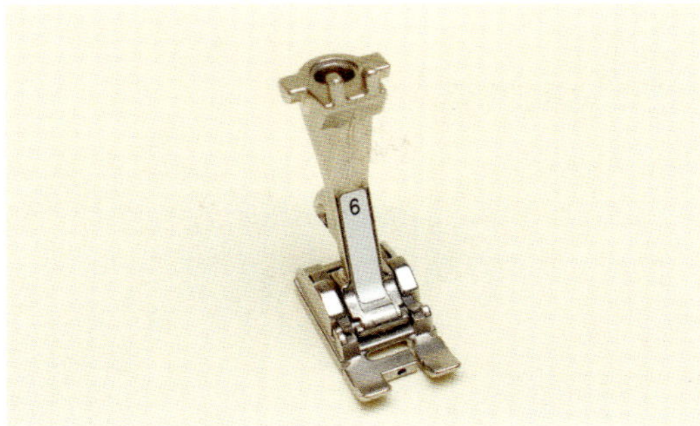

PIED BOUTONNIÈRE

Un pied pour boutonnière manuel est souvent une meilleure option pour les jeans parce que les pieds automatiques peuvent rencontrer des problèmes de fluidité d'entraînement sur les grosses épaisseurs. La fente au milieu permet d'estimer plus facilement le placement des lignes.

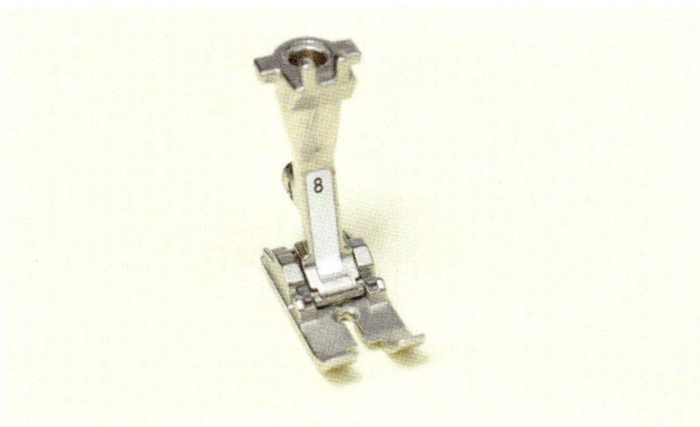

PIED POINT DROIT SPÉCIAL DENIM

Certaines marques de machine à coudre proposent un pied spécialement conçu pour piquer les grosses épaisseurs en point droit.

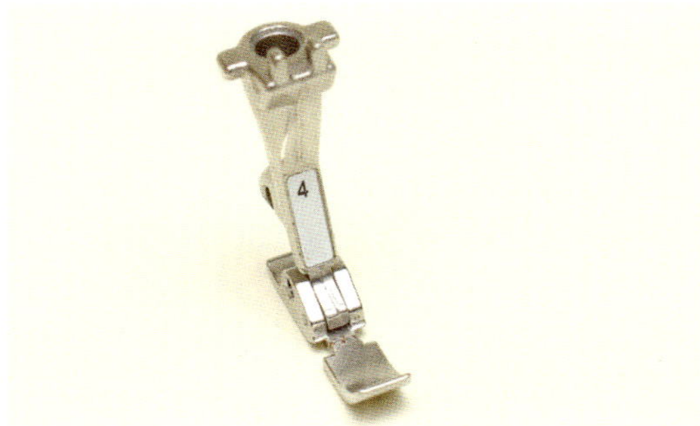

PIED FERMETURE À GLISSIÈRE

Ce pied étroit permet de coudre très près des dents d'une fermeture à glissière. Il peut aussi être utilisé pour piquer dans la couture, et dans tous les cas de figure où il n'y a pas assez de place pour un pied standard.

PIED RABATTEUR

Pied conçu pour rabattre les coutures en deux temps. La plupart des marques de machines à coudre proposent un pied de ce type.

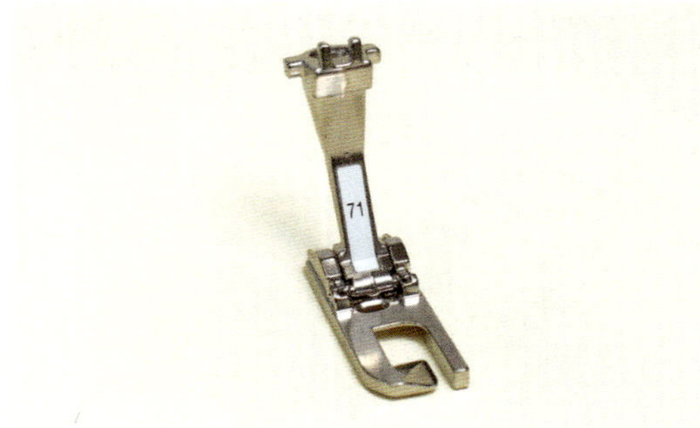

GUIDE PASSANT DE CEINTURE

Accessoire que l'on peut utiliser autant sur une recouvreuse que sur une machine à coudre. Le guide se place devant le pied et vient plier les bandes de toile pour façonner des passants de ceinture uniformes.

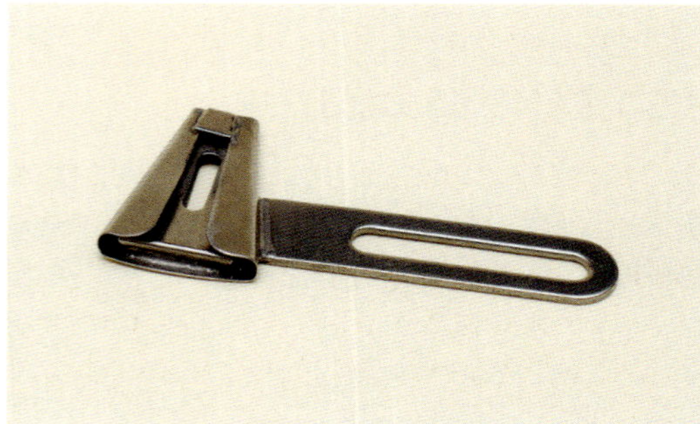

GUIDE POSE BIAIS

Peut être utilisé pour créer des passants de ceinture et comme accessoire pour plier des bandes de toile pendant que l'on pique. Dans ce cas, il faudra peut-être une table ou un plateau d'extension pour que le guide ait assez de place.

CALE

Accessoire qui permet de garder le pied à l'horizontale lorsque l'on pique plusieurs épaisseurs ou des bords. Il empêche de sauter des points et favorise la fluidité de l'entraînement. On le trouve parfois sous le nom de « jean-a-ma-jig ».

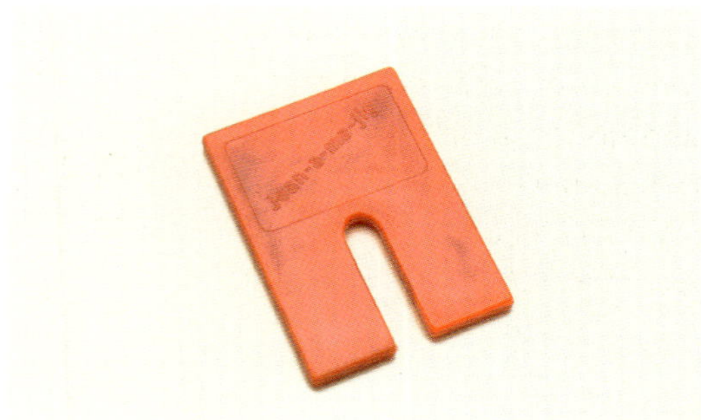

OUTILLAGE À MAIN

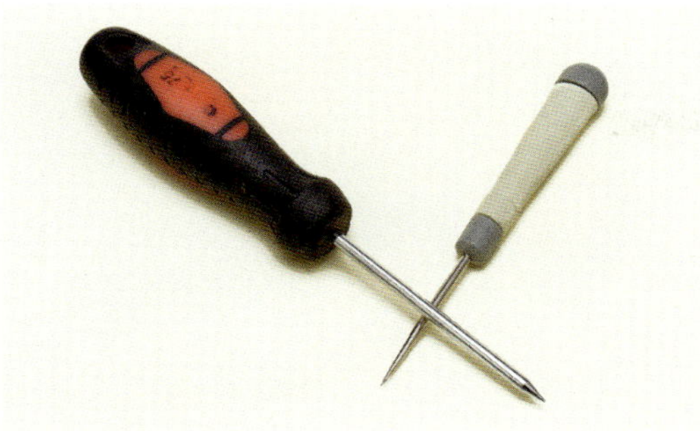

ALÈNE

Outil tranchant utilisé pour marquer, perforer la toile pour les rivets et créer des ouvertures rondes pour les boutonnières à œillet avec arrêt long. Utilisez une alène à lame fine pour les marquages et à lame plus épaisse pour perforer.

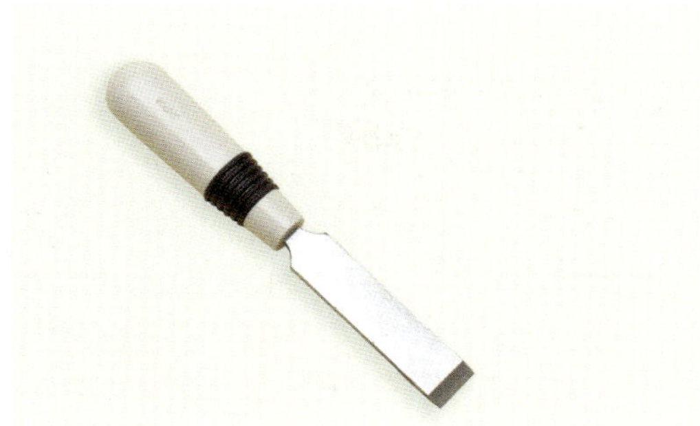

PINCE MULTIFONCTION

Pince avec embouts interchangeables pour poser les boutons et rivets, et pour perforer le denim. Certaines marques proposent des pinces principalement compatibles avec leur propre gamme de matériel et mercerie.

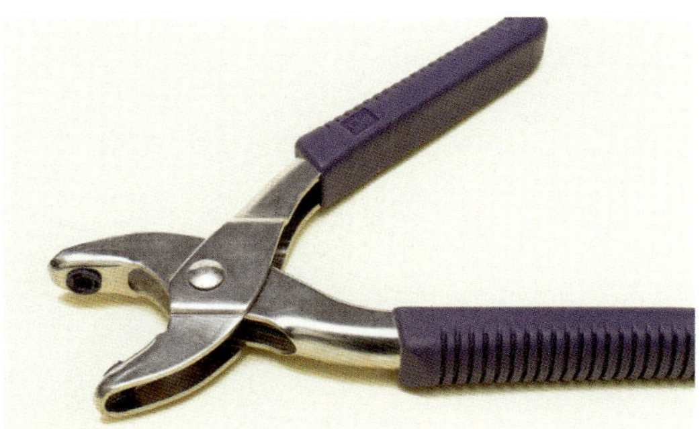

OUVRE-BOUTONNIÈRE

Un ouvre-boutonnière permet de réaliser des fentes très nettes et est généralement plus approprié qu'un découseur, car il est plus tranchant et précis. À utiliser en combinaison avec un emporte-pièce rond pour les boutonnières à œillet avec arrêt long.

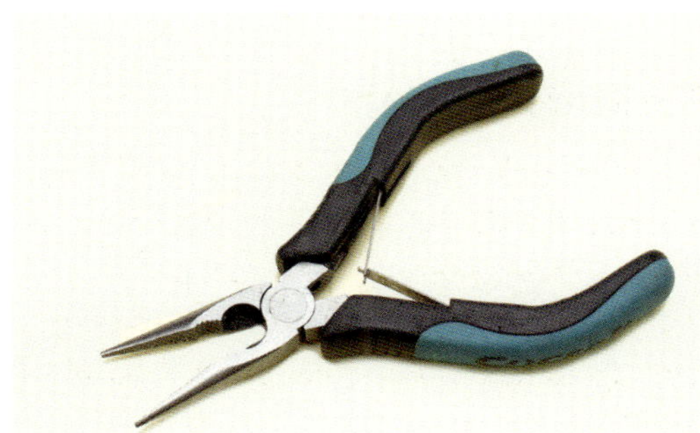

AUTRES PINCES

La pince à bec plate (en photo) est parfaite pour retirer les dents de fermeture à glissière en trop quand il faut la raccourcir. Une pince coupante peut servir à raccourcir les clous de rivet ou de bouton.

CUTTER ROTATIF

Permet de réaliser plus facilement des découpes bien droites, et est particulièrement utile pour les passants de ceinture, les ceintures et les poches arrière. À utiliser avec un tapis de découpe.

CISEAUX

Une paire de ciseaux de couture robuste avec des lames bien aiguisées est l'idéal pour couper du denim. Ces ciseaux peuvent aussi servir à cranter.

MARTEAU

Pour la pose des rivets et des boutons, et pour aplatir les coutures trop en relief et faciliter le surpiquage. Le maillet en caoutchouc est un autre outil qui peut s'avérer utile dans la confection de jeans.

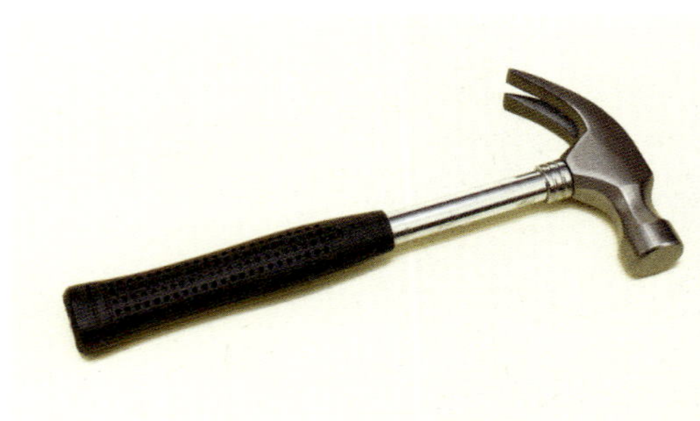

MERCERIE

FIL ULTRA/SUPER RÉSISTANT

Fil synthétique solide utilisé pour surpiquer le denim. Compatible avec les aiguilles à denim et les aiguilles pour surpiquer de taille 90/14 à 100/18. Il est aussi possible de réaliser les surpiqûres de jean avec du fil à boutonnière.

FIL TOUT USAGE

Pour assembler des coutures à la machine ou dans la canette pour surpiquer. Deux brins de fil tout usage dans l'aiguille peuvent remplacer le fil épais utilisé pour surpiquer le denim.

FIL À SURJETER

Fil légèrement plus fin que du fil tout usage pour machine à coudre. Parfait pour surfiler des bords à la surjeteuse ou pour le boucleur de la recouvreuse.

FIL LAINEUX EN NYLON

Fil soyeux qui peut être utilisé comme élément décoratif dans le boucleur quand vous surfilez les bords, et pour piquer des points de chaînette à la recouvreuse.

BOUTONS

Il existe une multitude de boutons de jean – plats, creux, gravés, embossés, en émail et différents métaux. Le bouton est généralement posé grâce à un clou inséré depuis l'envers.

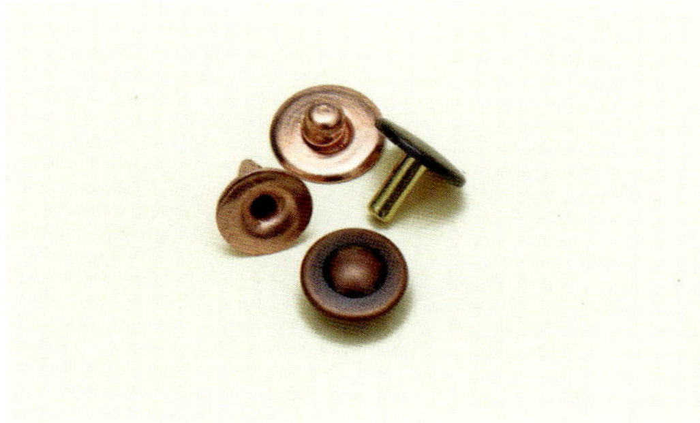

RIVETS

Utilisés pour renforcer les coutures très sollicitées comme les zones de poche. Leur fonction n'est parfois que décorative. Comme pour les boutons, les rivets se clipsent sur des clous.

FERMETURE À GLISSIÈRE POUR JEANS

Fermeture à glissière non séparable en métal. Les finitions en métal les plus courantes sont le laiton jaune, le cuivre et l'argent. Le remplacement des fermetures à glissière sur un jean étant un processus fastidieux, optez toujours pour une fermeture à glissière de qualité conçue pour durer.

ENTOILAGE

L'entoilage thermocollant est utile pour stabiliser la ceinture et la braguette d'un jean. Les entoilages les plus adaptés au denim sont les toiles thermocollantes légères à semi-épaisses tissées ou non. L'entoilage n'a pas besoin d'être épais, car le denim est un type de toile déjà suffisamment stable. Pour les ceintures des jeans très extensibles, optez pour un entoilage thermocollant tissé.

CHAPITRE 4

COUTURES

GUIDE RAPIDE : **POINTS POUR COUDRE LE DENIM**

POINT	RENDU	UTILISATION	CARACTÉRISTIQUES
POINT DROIT		• Ourlet • Surpiqûre • Barrettes de renfort • Coutures	• Solide • Facile à piquer • Non volumineux
POINT DE CHAÎNETTE À 1 AIGUILLE		• Ourlet • Surpiqûre • Bâtir • Couture	• Pas aussi solide que le point droit • Permet de créer l'effet cordage typique des ourlets de jean
POINT DE RECOUVREMENT À 2 AIGUILLES		• Passants de ceinture	• Finition professionnelle • Non volumineux • Rapide à piquer
POINT DE SURJET À 3 FILS		• Surfilage	• Rapide à piquer • Non volumineux
POINT DE SURJET À 4 FILS		• Surfilage	• Rapide à piquer • Plus volumineux que le surjet à 3 fils • Bonne couvrance

GUIDE RAPIDE : **POINTS POUR COUDRE LE DENIM**

POINT	RENDU	UTILISATION	CARACTÉRISTIQUES
POINT ZIGZAG		• Surfilage • Barrette de renfort • Point décoratif	• Solide • Peut être difficile à coudre sur les grosses épaisseurs
AIGUILLE DOUBLE		• Passants de ceinture • Surpiqûre • Point décoratif	• Facile à piquer • Pour les machines à coudre • Couture extensible
TRIPLE POINT DROIT		• Ourlet • Surpiqûre • Renfort de coutures	• Très solide • Couture extensible • Crée un point décoratif épais
POINT DE SÉCURITÉ À 5 FILS		• Coutures latérales	• Uniquement sur les surjeteuses-recouvreuses • Réalise coutures et finitions en un passage

ASTUCES POUR SURPIQUER

La réalisation des surpiqûres typiques des jeans peut être une étape intimidante, mais avec le bon matériel et les bonnes techniques, vous obtiendrez un rendu magnifique avec la plupart des machines à coudre domestiques.

FIL RÉSISTANT

Souvent appelé « fil *ultrarésistant* », c'est le fil épais traditionnellement utilisé pour surpiquer du denim – généralement 100 % polyester, ou un mélange coton/polyester. Le fil en polyester a l'avantage d'être très solide et ne sera pas définitivement taché si l'indigo de la toile dégorge. On peut par contre lui reprocher son aspect légèrement brillant, là où un fil avec du coton a un aspect plus rustique.

La grosseur d'un fil s'évalue selon son poids. Les fils résistants pour machine à coudre domestique se situent généralement entre tex 60 et 80 – le tex étant une unité de titrage mesurant la masse linéique. Plus le tex est élevé, plus le fil est lourd. Sur les jeans de fabrication industrielle, le fil est souvent plus épais, mais les machines à coudre standard peuvent avoir du mal à travailler avec un fil si épais.

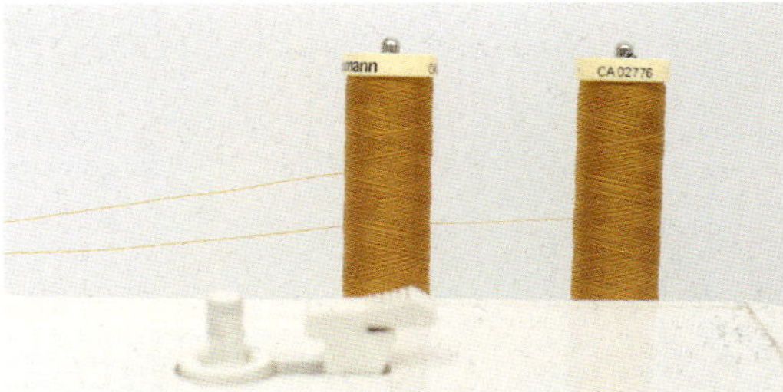

FIL TOUT USAGE POUR MACHINE À COUDRE

On peut obtenir un effet similaire à celui d'un fil résistant en utilisant deux bobines (ou canettes) de fil tout usage pour machine à coudre. L'épaisseur donne un rendu très proche de celui d'un point en fil résistant, et c'est une très bonne option quand on ne trouve pas de fil résistant dans le coloris souhaité. Il peut aussi être plus facile à piquer qu'un fil résistant.

FIL DE CANETTE

Étant donné que le fil résistant a du mal à se dérouler de manière fluide dans une canette standard, et qu'il peut aussi générer des problèmes de tension, pour obtenir de meilleurs résultats avec une machine à coudre domestique, utilisez du fil tout usage dans la canette. Si vous voulez utiliser du fil résistant dans la canette, une solution est d'acheter une canette de rechange et d'essayer différents réglages pour la tension, qui s'ajuste généralement avec une vis.

Certaines marques de machine proposent aussi une canette spéciale pour les fils plus épais qui peut valoir le coup d'être essayée.

PIED POUR SURPIQUER

Pour les surpiqûres, un pied standard est généralement suffisant, mais deux autres types de pieds peuvent s'avérer être un bon investissement. Si vous avez du mal à obtenir une surpiqûre régulière près d'un bord ou d'une couture, regardez si la marque de votre machine propose un pied dans la couture ou un guide. Ce genre de pied est muni d'une lame ou d'une extension que l'on peut aligner au bord, ce qui facilite considérablement la réalisation d'une couture bien parallèle parce que vous n'avez plus besoin de jauger à vue de nez ou de contrôler la toile autant qu'avec un pied standard.

Vous pouvez sinon vous tourner vers un pied spécial pour les surpiqûres qui présente une ouverture d'aiguille étroite et est conçu pour avoir un piqué fluide même sur les grosses épaisseurs. Pour certaines marques de machine, comme Bernina, il est mieux d'associer ce genre de pied à une plaque à point droit.

LONGUEUR DE POINT

Augmentez la longueur de point pour les surpiqûres de jean. Vous obtiendrez un rendu plus professionnel, et pourrez plus facilement réaliser un point régulier sur les grandes longueurs. *La* longueur de point parfaite n'existe pas, mais vous pouvez commencer avec environ 4 mm.

Sur du denim, un point trop long aura l'air tout aussi bizarre qu'un point court parce qu'il peut être irrégulier en plus de ressembler davantage à un point de bâti. Comme l'épaisseur de la couture et les caractéristiques de la toile joueront aussi sur la réalisation des points, n'hésitez pas à essayer différents réglages pour voir ce qui fonctionne le mieux.

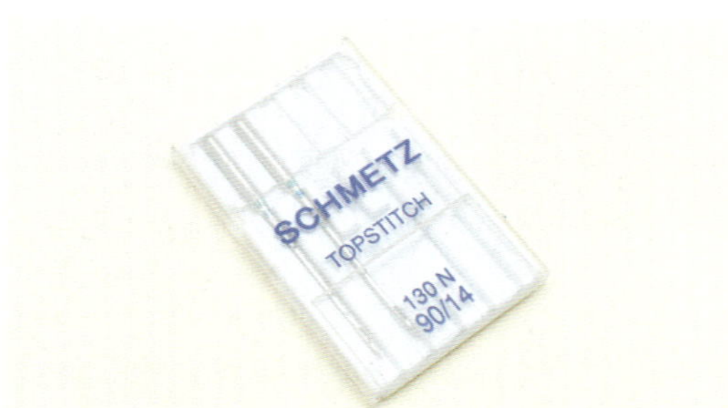

AIGUILLES

Utilisez une aiguille à denim plus grosse ou une aiguille pour surpiquer avec un chas assez gros pour les fils épais. Ces deux types d'aiguille sont conçus pour piquer à travers des grosses épaisseurs.

NIVEAU DU PIED

Pour réaliser des points équilibrés, le pied de la machine doit rester bien à l'horizontale. Mais quand on surpique du denim, il y a généralement plusieurs zones saillantes comme les poches arrière, les passants de ceinture ou les coutures volumineuses. Pour remédier à ce problème, vous devez ajuster le pied de façon à ce qu'il ne soit pas incliné vers le bas ou vers le haut. Vous pouvez utiliser une cale de type jean-a-ma-jig pour surélever le côté du pied qui est penché et le repositionner bien à l'horizontale.

Dans bien des cas, le simple fait de glisser un morceau de tissu plié sous le pied suffit pour le remettre de niveau. Faites des essais pour voir quelle méthode vous convient le mieux.

Certains pieds ont aussi une fonction niveau intégrée réglable à l'aide d'un bouton.

TENSION

Pour réaliser des points bien équilibrés avec un fil épais, il faut généralement une tension plus importante pour le fil d'aiguille, y compris sur les machines qui ont une fonction tension automatique.

Prenez l'habitude de faire des essais sur la toile que vous prévoyez d'utiliser, en pensant bien à piquer le bon nombre d'épaisseurs pour ajuster au mieux les réglages. En règle générale, plus le fil est épais, plus la tension du fil d'aiguille doit être importante. Le nombre d'épaisseurs joue aussi un rôle dans les réglages de la tension.

Pas assez de tension. Des bouclettes de fil d'aiguille se forment sur l'envers.

Trop de tension. Nœuds de fil de canette visibles sur l'endroit.

Tension équilibrée. Le fil d'aiguille et le fil de canette forment une couture régulière.

COMMENT SURPIQUER

- Commencez avec l'aiguille en position basse et tirez les fils vers l'arrière. Cela empêchera le fil de s'emmêler – un cas de figure fréquent quand on utilise du fil épais.
- Piquez lentement et guidez doucement la toile avec vos mains. Si la cadence est trop rapide, les coutures risquent d'être irrégulières, surtout dans les zones avec du relief.
- Si vous avez besoin de faire une pause et d'ajuster ou utiliser une cale, arrêtez-vous toujours avec l'aiguille en position basse. Cela permettra de garder la couture équilibrée et droite.
- Si vous rencontrez des problèmes de fronces ou de plis, ce qui peut surtout arriver avec les denims plus légers et extensibles, piquez les deux lignes dans le même sens. Ceci étant, la présence de légères fronces sur un jean surpiqué n'est pas nécessairement une mauvaise chose puisque c'est souvent un élément signature des jeans.
- Pour bloquer le fil, au lieu de piquer des points arrière qui créent une couture en relief, il vous suffit de raccourcir significativement la longueur du point au moment de finir la surpiqûre. Pour rendre l'ensemble encore plus solide, terminez la surpiqûre par des barrettes de renfort (voir page 62).

PIQUER DES COUTURES RABATTUES

Les coutures rabattues consistent à assembler des pièces avec différentes marges de couture. La marge de couture plus petite est enveloppée par la marge plus grande pour créer une couture plate et solide très utilisée pour les jeans – notamment pour la couture intérieure, l'empiècement et la fourche dos.

Pour voir à quoi ressemblent des coutures rabattues, il vous suffit de regarder à l'intérieur de n'importe quel jean de prêt-à-porter.

Dans l'industrie textile, la couture rabattue est réalisée avec un appareil de pliage spécial, mais on peut obtenir le même résultat avec une machine à coudre domestique en suivant la méthode décrite dans les pages qui suivent.

MARGES DE COUTURE POUR COUTURES RABATTUES

Pour réaliser des coutures rabattues en bonne et due forme, vous allez devoir adapter le patron en utilisant différentes marges de couture.

La pièce sur le dessus (qui est surpiquée) doit avoir une marge de couture moitié moins large que la pièce de patron opposée – par exemple, la marge de couture de la fourche côté droit doit être environ deux fois plus large que celle de la fourche côté gauche qui, pour la plupart des jeans, se trouve sur le dessus.

Les marges de couture listées ci-contre peuvent être adaptées à vos préférences – si vous voulez repasser l'empiècement vers le haut plutôt que vers le bas, par exemple.

Vous pouvez aussi augmenter les marges de couture pour obtenir une couture rabattue plus large.

GUIDE DES MARGES DE COUTURE POUR COUTURES RABATTUES

A. Couture fourche dos côté droit : 24 mm
B. Couture fourche dos côté gauche : 12 mm
C. Coutures intérieures du dos : 24 mm
D. Bord supérieur du dos : 12 mm
E. Coutures intérieures du devant : 12 mm
F. Milieu dos empiècement droit : 24 mm
G. Milieu dos empiècement gauche : 12 mm
H. Bord inférieur de l'empiècement : 24 mm

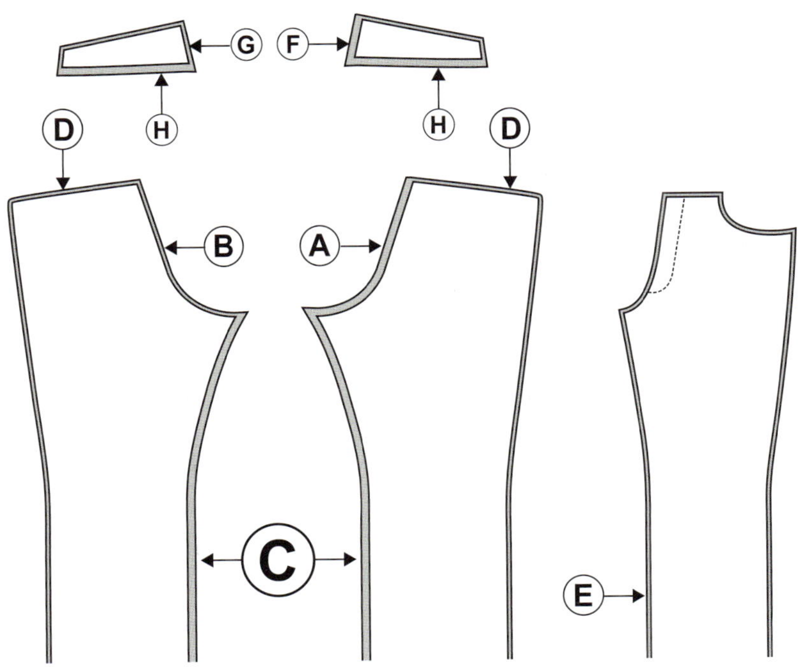

COUTURE RABATTUE PROFESSIONNELLE

Cette méthode s'appuie sur la technique de la couture rabattue sur denim utilisée en usine, avec deux marges de couture différentes – la petite marge étant enveloppée par la grande.

En usine, on réalise la couture rabattue avec un appareil de pliage spécial, mais on peut obtenir le même résultat avec une machine à coudre domestique grâce à un savant mélange de lignes de couture et de repassage.

MATÉRIEL

- Aiguille à denim (pour les coutures de repérage)
- Aiguille pour surpiquer (pour les surpiqûres)
- Fil tout usage pour l'aiguille et pour la canette
- Fil épais spécial denim dans l'aiguille pour les surpiqûres

1 **Piquez une couture de repérage.** Pour toutes les pièces avec une marge de couture (A) de 12 mm, piquez une ligne de repérage à 10 mm du bord. Utilisez du fil tout usage pour machine à coudre.

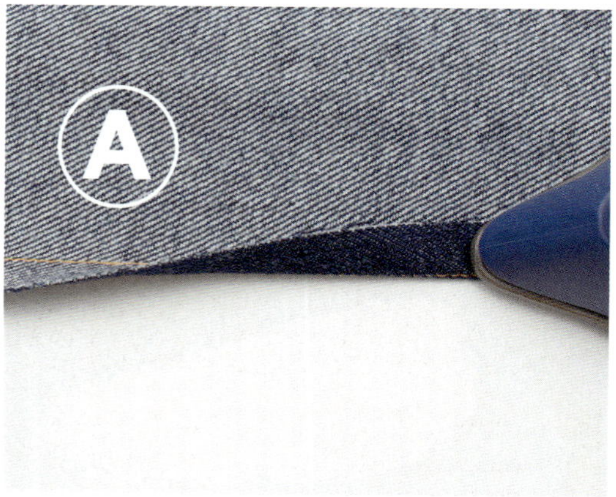

2 **Rabattez le bord.** Utilisez un fer pour rabattre le bord vers l'envers le long de la ligne de couture.

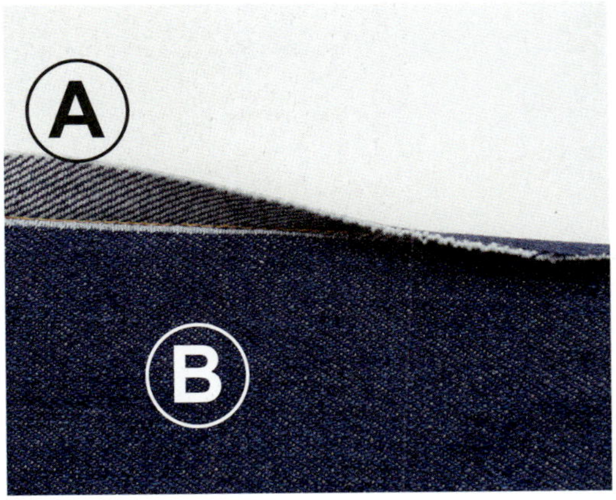

3 **Insérez la pièce (B) avec la grande marge de couture (24 mm) sous le rabat.** Vérifiez que le bord est bien rentré et bute contre la pliure.

4 **Cousez les pièces ensemble (facultatif).** Pour éviter que la pièce enchâssée ne se déloge, ouvrez le rabat et cousez ensemble les pièces A et B. L'endroit de la pièce B doit être face à l'envers de la pièce A. Alignez-vous au bord cousu et piquez près du bord de la pièce B.

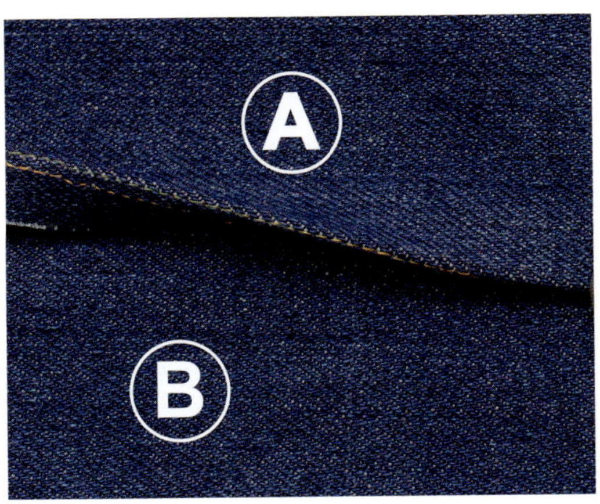

5 **Pliez et repassez pour former une couture rabattue.** Repliez la pièce B de façon à ce qu'elle enveloppe toute la marge de couture de la pièce A. Repassez la zone rabattue repliée.

6 **Surpiquez le bord extérieur.** Piquez la première ligne de surpiqûre à un peu moins de 3 mm du bord. Pincez la couture avec les doigts pour que les marges restent bien pliées.

7 **Surpiquez la deuxième ligne.** La deuxième surpiqûre doit être piquée à 6-8 mm de la première et doit traverser toutes les épaisseurs de la couture rabattue. Prenez bien les mesures avant de piquer.

8 **La couture rabattue terminée.** Cette méthode permet de créer une superbe couture rabattue qui n'a rien à envier à une couture professionnelle.

9 **Résultat sur l'envers.** L'intérêt de cette méthode est que l'envers est aussi propre que l'endroit, et que les lignes de repérage ne sont plus visibles parce qu'elles sont enveloppées dans le pli.

COUTURE RABATTUE AVEC UN PIED

Beaucoup de marques proposent un pied rabatteur pour réaliser une couture rabattue sur des machines à coudre domestiques. Pensez bien à prendre la version large, généralement environ 8-9 mm, pour que cela soit compatible avec les coutures sur denim.

Le désavantage majeur de cette méthode est que sur le dessus, la première ligne de couture sera réalisée au fil de canette et la seconde au fil d'aiguille. De fait, il est difficile d'utiliser du fil à surpiqûre épais, car la tension risque d'être déséquilibrée. À la place, optez pour du fil de machine à coudre de bonne qualité pour la canette et l'aiguille, et vérifiez que la tension est équilibrée.

Cette méthode peut ne pas fonctionner sur un denim très épais, donc n'hésitez pas à systématiquement faire des essais avant de vous lancer dans les coutures rabattues sur votre vêtement.

MATÉRIEL

- Un pied rabatteur large (généralement environ 8-9 mm)
- Fil pour machine à coudre
- Aiguille à denim ou pour surpiquer

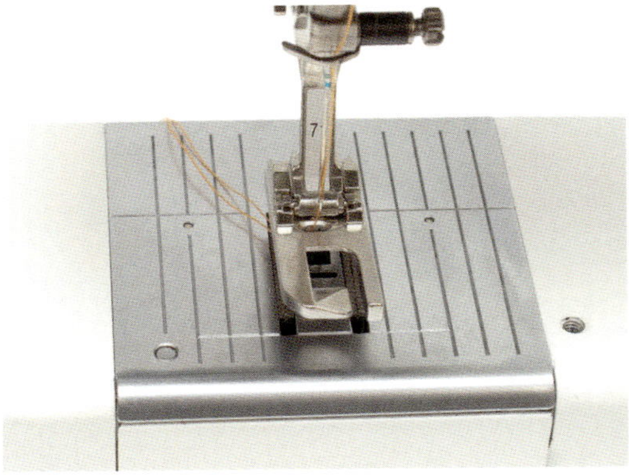

1 **Préparez la machine.** Optez pour du fil tout usage dans la canette et l'aiguille, car les deux fils seront visibles sur l'endroit. Installez le pied rabatteur sur la machine, et consultez le manuel d'utilisation pour effectuer les réglages conseillés.

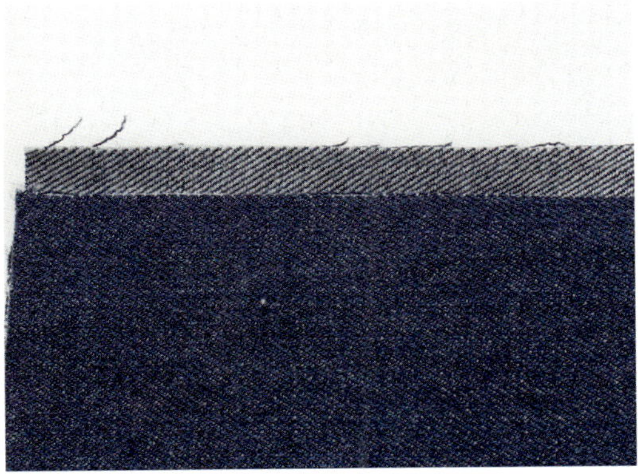

2 **Positionnez les pièces envers contre envers.** La pièce du dessous doit dépasser légèrement – environ 10-12 mm selon la taille du pied. Consultez le manuel d'utilisation du fabricant pour les détails.

3 **Préparez-vous à coudre.** Rabattez le bord de la toile, puis la marge du dessous sur celle du dessus de façon à envelopper le bord supérieur. Glissez la pièce rabattue sous le pied rabatteur. Alignez le bord extérieur avec la griffe droite du pied.

4 **Piquez la première ligne.** Piquez 2-3 points, aiguille en position basse, puis arrêtez et relevez le pied. Insérez l'extension de pliage sous le rabat.

5 **Piquez le long du bord.** Vérifiez que les deux bords sont bien alignés aux fentes du pied.

6 **Repassez la couture terminée pour l'aplatir.** Repassez pour aplatir le rabat de façon à ce que le bord cousu ne soit plus visible.

7 **Préparez-vous à piquer la deuxième ligne.** Bord replié sur la gauche, insérez l'extension de pliage sous le rabat et commencez à piquer sur le rabat.

8 **Piquez la deuxième ligne.** Vérifiez que les deux lignes sont bien parallèles en vous servant du pied comme guide.

9 **La couture terminée.** La ligne du bas est piquée avec du fil de canette et celle du haut avec du fil d'aiguille. De fait, sur beaucoup de machines, obtenir une tension parfaitement équilibrée peut s'avérer compliqué. En revanche, l'avantage de cette méthode est qu'elle permet de réaliser une couture uniforme facilement avec peu de mesures et sans trop de bricolage.

COUDRE DES BARRETTES DE RENFORT

Une barrette de renfort est une couture épaisse qui permet de renforcer les zones ayant besoin de solidité – fermetures à glissière, poches, braguettes de boutons, passants de ceinture et fourche. Dans l'industrie textile, ce point est piqué avec une machine spéciale, mais on peut obtenir un point similaire avec une machine à coudre domestique.

RÉGLAGE DE LA MACHINE

Réglez votre machine sur la fonction zigzag avec une longueur et une largeur de point plus courtes.

Longueur : 0,3-0,5 mm

Largeur : 2-2,5 mm

Vous pouvez aussi coudre des barrettes de renfort en point droit. Piquez deux à trois lignes parallèles en aller-retour.

Ces réglages ne sont que des suggestions. Je vous recommande toujours d'essayer les réglages sur des échantillons superposés de la toile que vous allez utiliser pour vérifier que la couture sera réalisable. Si la machine se bloque et rencontre des problèmes d'entraînement, ce qui peut arriver quand on coud des barrettes sur un denim épais avec du fil épais, augmentez légèrement la longueur du point.

METTRE LE PIED DE NIVEAU

Quand on coud des barrettes de renfort sur des zones non planes comme les poches arrière ou les passants de ceinture, il faut que le pied reste bien à l'horizontale pour ne pas gêner l'entraînement et ne pas sauter de points.

Pour surélever le côté penché du pied, vous pouvez fabriquer une cale en pliant une chute de tissu ou utiliser un accessoire de type jean-a-ma-jig que vous viendrez glisser sous le pied vers l'arrière.

CHOIX DES FILS

Enfilez les aiguilles avec du fil résistant ou deux brins de fil tout usage. Pour la canette, il est plus sûr d'utiliser un fil tout usage pour éviter que les points ne s'emmêlent.

Pour le coloris, il n'y a pas d'obligation à utiliser le jaune doré traditionnel. Certaines marques de denim piquent leurs barrettes de renfort avec du fil écru, rouge ou bleu, par exemple.

CHAPITRE 5

ASSEMBLAGE

ORDRE D'ASSEMBLAGE

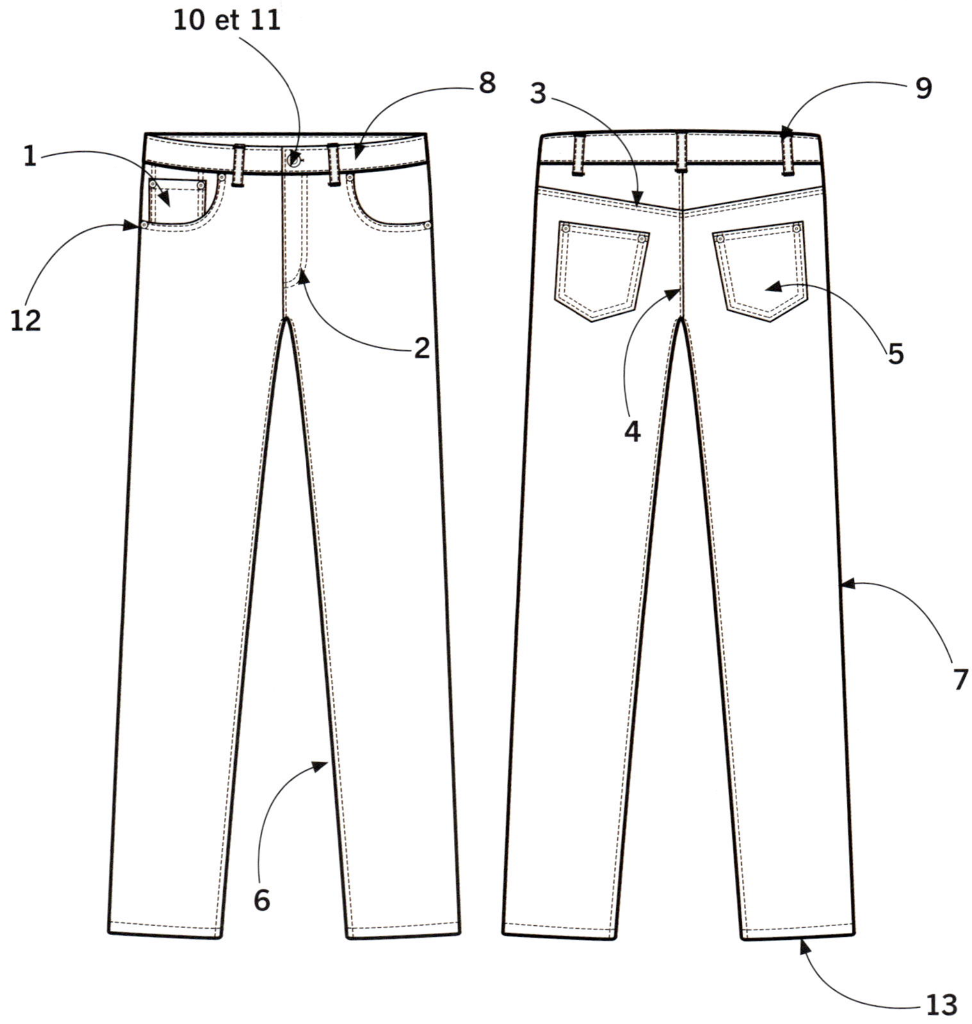

1 POCHES AVANT
2 BRAGUETTE
3 EMPIÈCEMENT
4 COUTURE FOURCHE DOS
5 POCHES ARRIÈRE
6 COUTURE INTÉRIEURE
7 COUTURE LATÉRALE
8 CEINTURE
9 PASSANTS DE CEINTURE
10 BOUTONNIÈRE
11 BOUTONS
12 RIVETS
13 OURLET

REPASSER LE DENIM

Comme pour n'importe quel projet de couture, il faut repasser les coutures au fur et à mesure pour obtenir un résultat final impeccable. Étant donné que, sur les jeans, les coutures ont tendance à être volumineuses, surtout là où elles se rejoignent, le repassage des coutures s'avère aussi indispensable pour en réduire l'épaisseur.

CONSEILS POUR LE REPASSAGE DU DENIM

- Repassez les coutures sur l'envers.
- Utilisez le mode « coton » pour les toiles 100 % denim.
- Pour les mélanges coton/élasthane et/ou polyester, qui sont des matières plus fragiles, baissez la température.
- Faites un essai sur une chute de toile.
- Utilisez de la vapeur ou une pattemouille pour ouvrir les marges de couture. Pour marquer le pli, repassez-le une deuxième fois sans vapeur ou pattemouille.
- Pour effacer les marques de fer visibles sur l'endroit, soulevez la marge de couture et repassez sur l'envers pour lisser la toile.
- Les traces brillantes indiquent que la température est trop élevée pour la fibre. Pour éviter que cela n'arrive, baissez la température, repassez sur l'envers et utilisez une pattemouille pour protéger la toile. Faites particulièrement attention quand vous repassez des zones irrégulières comme les poches, les passants de ceinture, la ceinture, et autres endroits où des coutures se rejoignent.

LES CARACTÉRISTIQUES D'UN JEAN AUTHENTIQUE

Les passionnés ont du mal à se mettre d'accord sur ce qui fait un bon jean. La communauté du jean est très portée sur les détails ; il est fascinant de se plonger dans ce monde et d'apprendre comment ce qui semble être un petit détail peut faire une différence considérable dans la perception d'un jean.

Les aficionados sont particulièrement friands des détails issus d'un héritage fort, remontant souvent à la fin du XIXe siècle et jusqu'aux années 1950. La confection et les matériaux de haute qualité jouent aussi un rôle dans la perception d'ensemble.

À l'heure actuelle, beaucoup de marques de denim japonaises sont reconnues et appréciées pour leur attention très fine aux détails et l'hommage affirmé qu'elles rendent aux États-Unis.

Le guide sur la page ci-contre a été élaboré avec un passionné et professionnel du jean, mais, évidemment, comme pour beaucoup de choses, les points de vue sur ce sujet peuvent varier !

CEINTURE

Point : Point droit, ou mélange de point de chaînette et point droit.

Forme : Droite.

BOUTONS

Type : Boutons en métal plat ou creux.

Finition : Laiton, cuivre ou argent mat.

Boutonnières : Boutonnières à œillet avec arrêt long piquées avec un fil à boutonnière épais.

PASSANTS DE CEINTURE

Technique : Point de recouvrement à 2 aiguilles, ou pliés et surpiqués avec une ligne de points droits.

Barrette de renfort : Point zigzag serré et court.

POCHES ARRIÈRE

Surpiqûre : Deux lignes de points droits.

Barrette de renfort : Point zigzag serré et court.

Rivets : Cachés ou absents.

Décoration de poche (*arcuate*) : Courbes, arches, vagues ou autre décoration en point droit ou peinte à la main.

POCHES AVANT

Point : Deux lignes en point de chaînette.

Poche gousset : Ouverture de la poche en denim selvedge plié.

Rivets : Métal couleur laiton au coin de chaque couture.

FOND DE POCHE

Coutures : Coutures anglaises.

Tissu : 100 % sergé de coton écru.

COUTURES LATÉRALES

Couture extérieure : Lisière ouverte au fer ou couture surjetée. Marge de couture d'environ 12 mm.

Couture intérieure : Couture rabattue, piquée depuis le bas de la jambe gauche jusqu'au bas de la jambe droite.

Barrette de renfort : Point zigzag serré et court, ou point droit pour renforcer la couture latérale de la poche avant.

TOILE

Tissage : Sergé 3 × 1 (3 fils de chaîne bleu marine pour 1 fil de trame blanc).

Teinture : Denim foncé teint en indigo.

Poids : 12-16 oz.

OURLET

Point : Point de chaînette.

Marge de couture : 25-30 mm pour un ourlet à deux tours. 13-15 mm pour la largeur finale.

POCHES AVANT ITALIENNES

Cette méthode inspirée du prêt-à-porter permet de réaliser des poches avant comme celles des grandes marques de denim.

Elles sont aussi, sans doute, à la fois plus faciles et plus rapides à confectionner que des poches de pantalon classiques.

Pour les fonds de poche, vous pouvez réutiliser le tissu de vieilles chemises, surtout celles en popeline coton/polyester un peu plus épaisse, qui se rapproche du tissu utilisé pour les fonds de poche de jean dans l'industrie textile.

Pour réaliser une poche plus élaborée avec une poche gousset et des coutures anglaises, voir le pas-à-pas page 74.

MATÉRIEL

- Tissu pour les fonds de poche solide, mais souple, en sergé de coton ou un mélange coton/polyester
- Fil à surpiqûre
- Pied avec guide (facultatif)
- Aiguilles à denim ou pour surpiquer
- Pièces de patron « poche » (voir page 184 pour savoir comment les télécharger)

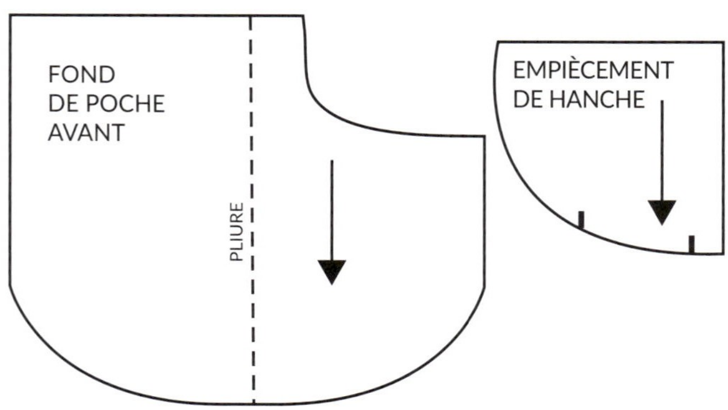

Pièces de patron poche avant

Le patron de la poche avant se compose de deux pièces : le fond de poche et l'empiècement de hanche. Le fond de poche sera plié en son milieu et cousu au niveau de la ceinture et des coutures latérales. Sa coupe arrondie permet d'éviter que des peluches ne s'accumulent dans les coins.

1 **Découpez les pièces de patron.** Surjetez ou surfilez le bord inférieur de l'empiècement de hanche. **REMARQUE :** Les bords du fond de poche peuvent aussi être surfilés à cette étape, mais dans ce tutoriel, nous le ferons plus tard pour optimiser la méthode d'assemblage.

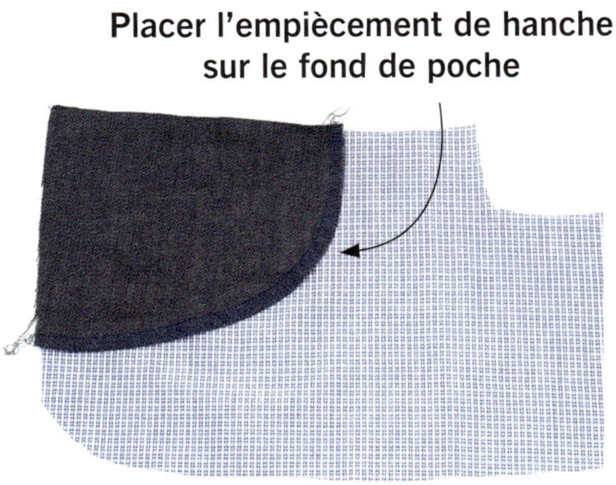

2 **Piquez l'empiècement de hanche.** Placez l'empiècement de hanche sur le fond de poche. Piquez l'empiècement de hanche en point droit sur le bord surjeté. Vous pouvez sinon piquer deux lignes de couture comme cela se fait beaucoup sur les jeans industriels. Si vous souhaitez ajouter une poche gousset, piquez-la avant de passer à l'étape suivante. Pour réaliser une poche gousset, voir le pas-à-pas pages 75-76.

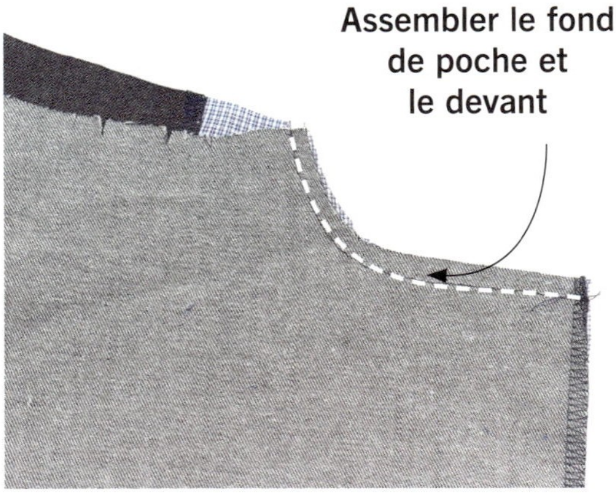

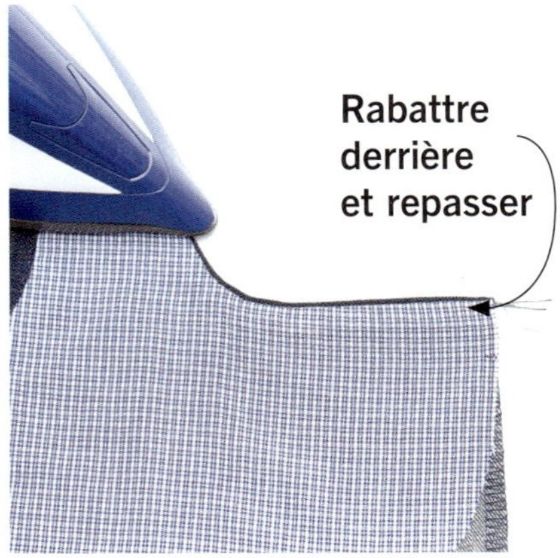

3 **Assemblez le fond de poche et le devant.** Placez le fond de poche sur l'ouverture de la poche, endroit contre endroit. Avant de piquer, repliez la poche pour vérifier que l'empiècement de hanche est bien sur l'endroit. Piquez près du bord – la courbe de l'ouverture sera plus simple à réaliser si la couture est étroite.

4 **Rabattez le devant derrière et repassez.** Laissez la toile du devant mordre légèrement sur l'intérieur pour ne pas que le fond de poche soit visible depuis l'extérieur.

5 **Surpiquez la poche.** Piquez la première ligne près du bord – un pied avec un guide vous facilitera le travail. Piquez la deuxième ligne avec un pied standard, en utilisant le bord du pied comme guide.

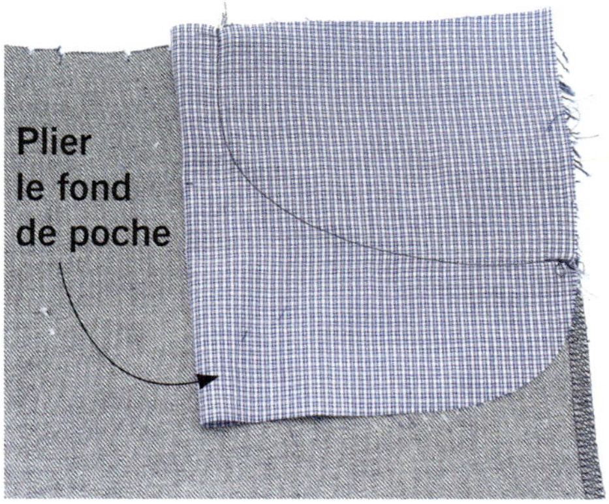

6 **Piquez le fond de poche.** Pliez le fond de poche en son milieu, et piquez le bas du fond de poche en point droit. Surfilez les bords après avoir cousu le fond de poche.

7 **Bâtissez la poche.** Bâtissez à la machine le côté et le haut en vue de piquer la couture latérale et celle de la ceinture. Les points de bâti vont maintenir la poche en place pour l'assemblage.

POCHES AVANT ITALIENNES AVEC POCHE GOUSSET

Pour réaliser des poches avant dans un style traditionnel, ce tutoriel est fait pour vous. Vous y trouverez le pas-à-pas pour la poche gousset et pour le fond de poche piqué en coutures anglaises. Cette méthode s'inspire des jeans de marques de prêt-à-porter haut de gamme et fera monter votre jean d'un cran.

MATÉRIEL

- Tissu pour le fond de poche – idéalement, en coton écru ou un sergé coton/polyester
- Fil à surpiqûre
- Pied avec guide (facultatif)
- Aiguilles à denim ou pour surpiquer
- Pièces de patron poche (incluses dans le kit page 184)

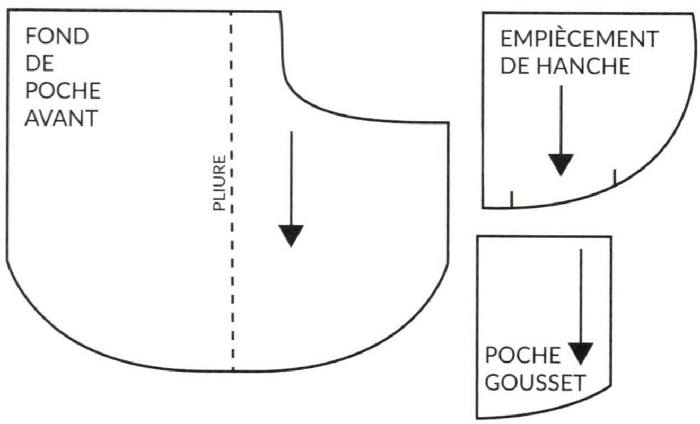

Pièces de patron poche avant

Le patron de poche avant se compose de trois pièces : le fond de poche, la poche gousset et l'empiècement de hanche. La pièce du fond de poche est pliée en son milieu et piquée au niveau de la ceinture et de la couture latérale. Découpez deux exemplaires du fond de poche et de l'empiècement de hanche, ainsi qu'une poche gousset pour l'empiècement de hanche droit.

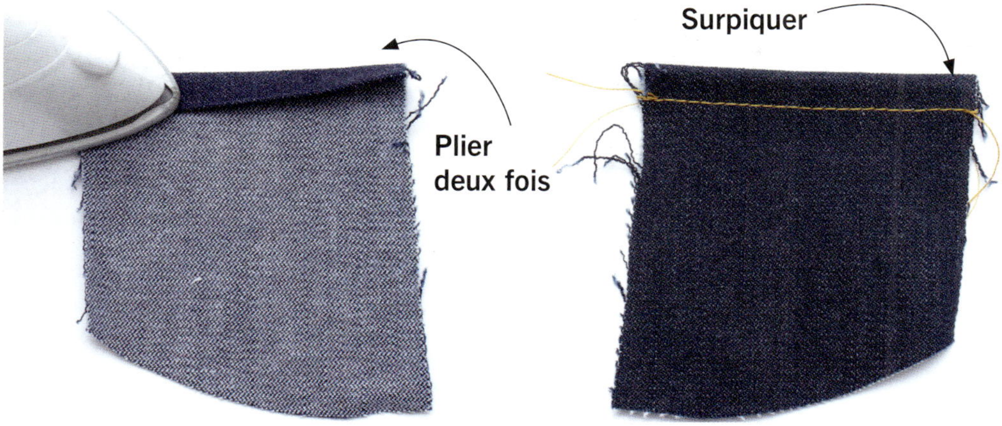

1 **Pliez et surpiquez l'ouverture de la poche gousset.** Repassez le bord supérieur (correspondant à l'ouverture de poche), en pliant la marge de couture deux fois. Les deux plis devraient être à peu près de même largeur. Surpiquez le bord supérieur de la poche – une ou deux lignes.

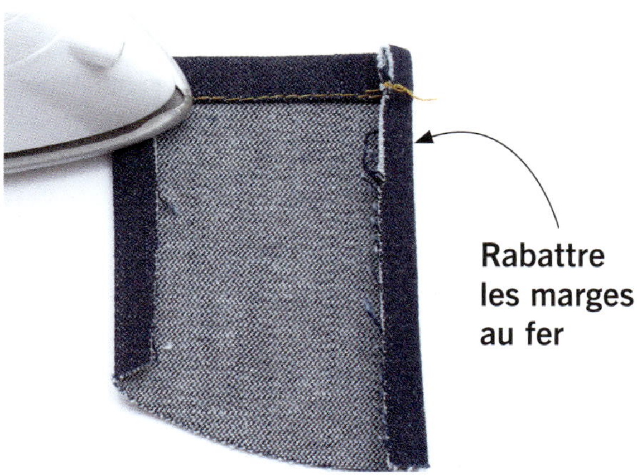

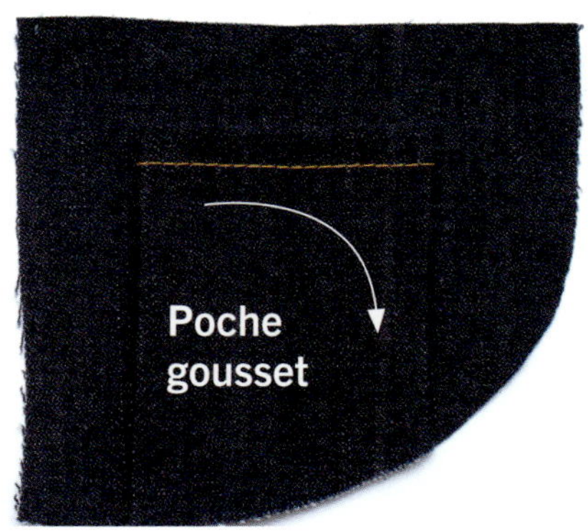

2 **Rabattez les marges de couture de la poche gousset au fer.** Vérifiez que les marges de couture sont de même largeur, et posez le fer sur la poche quelques instants pour bien marquer les pliures – pour des pliures bien nettes, utilisez de la vapeur.

3 **Placez la poche gousset sur l'empiècement de hanche droit.** Alignez les bords en vous servant des repères si vous utilisez les pièces de patron incluses dans ce livre (voir page 184).

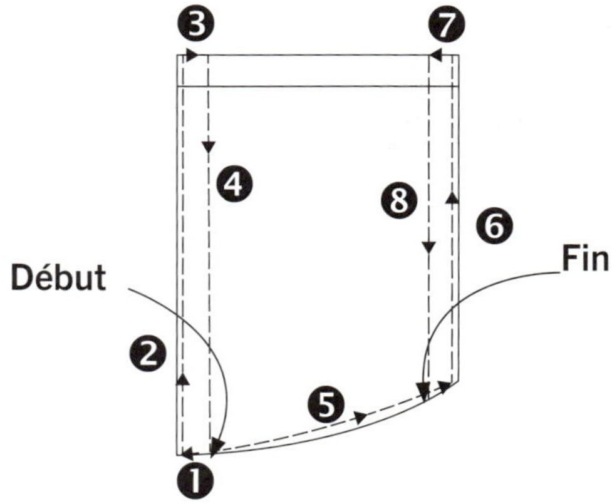

4 **Surpiquez la poche gousset.** Piquez la poche gousset sur l'empiècement de hanche avec du fil à surpiqûre dans l'aiguille. Piquez toute la poche en une couture continue. Partez du bord inférieur (1), pivotez et remontez le long du bord extérieur (2). En haut, pivotez de nouveau (3) et piquez la ligne intérieure (4). Ensuite, tournez pour piquer le long du bord inférieur pour fermer le fond de la poche (5). À l'angle, pivotez pour piquer la ligne extérieure (6), une fois en haut (7), tournez de nouveau pour piquer la ligne intérieure (8). Pivotez une dernière fois et faites quelques points sur la ligne du bord inférieur pour bloquer la couture.

5 **Surfilez les bords inférieurs des empiècements de hanche.** Optez pour un point de surjet large à 3 fils ou un point zigzag.

6 **Assemblez les empiècements de hanche et les fonds de poche.** Placez les empiècements de hanche sur les fonds de poche. La poche gousset doit être sur le fond de poche de la poche droite, et l'empiècement de hanche sans poche doit être sur le fond de poche de la poche gauche.

7 **Piquez l'empiècement de hanche en point droit sur le bord surjeté.**

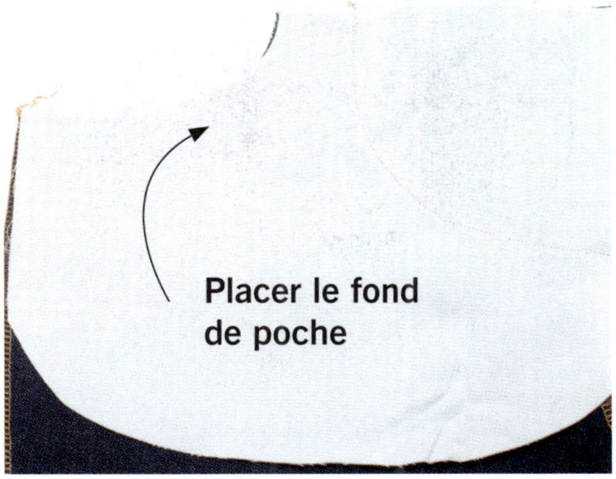

8 **Placez le fond de poche sur l'ouverture du devant.** Endroit contre endroit, vérifiez que la poche et l'empiècement de hanche sont sur la bonne face quand la poche est pliée.

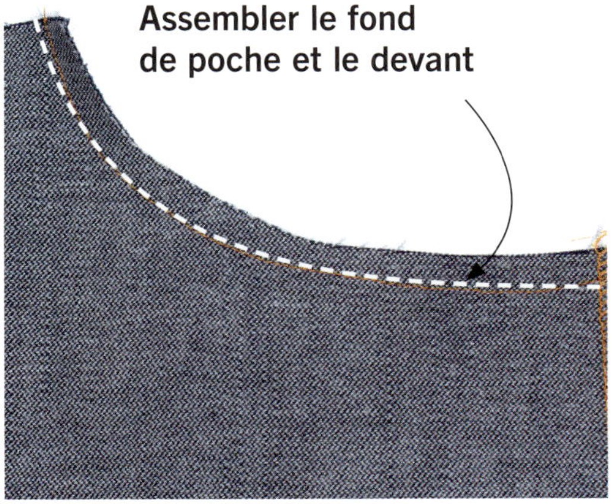

9 **Piquez près du bord.** La courbe de l'ouverture sera plus simple à réaliser si la couture est étroite.

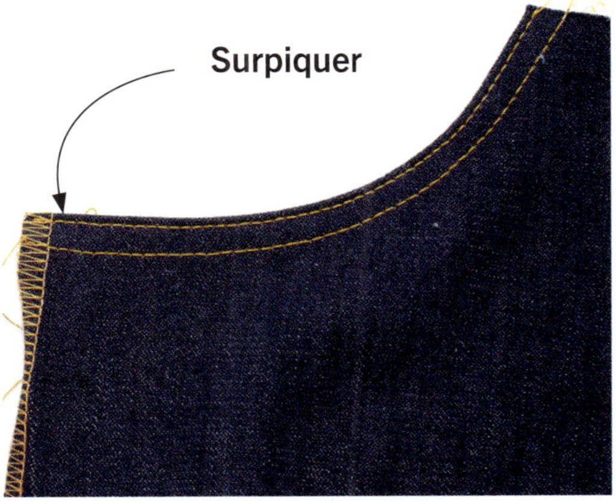

10 **Repliez et surpiquez.** Laissez la pièce du devant chevaucher légèrement sur l'intérieur pour que le fond de poche ne soit pas visible de l'extérieur. Surpiquez la poche. Piquez la première ligne près du bord. Piquez ensuite la deuxième ligne. Voir l'étape 5 Surpiquez la poche, page 72.

11 **Préparez-vous pour piquer une couture anglaise en bas du fond de poche.** Pliez le fond de poche en son milieu, envers contre envers. La première ligne doit être piquée du côté où l'empiècement de hanche est face à vous.

12 **Piquez la première ligne.** Piquez une couture en point droit à 6 mm du bord maximum, endroit face à vous.

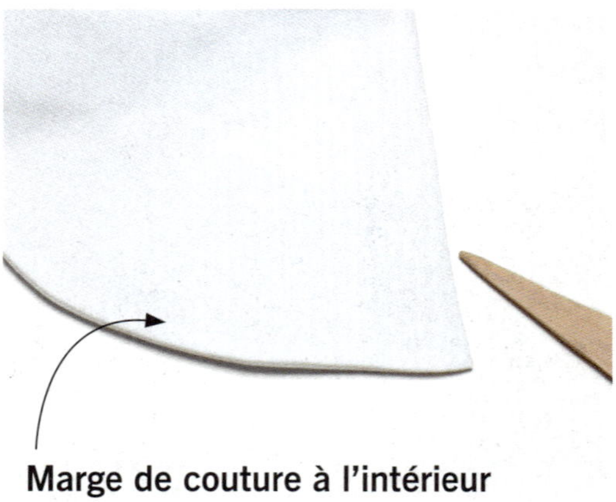

13 **Retournez le fond de poche.** Les endroits devraient maintenant être apparents, envers du fond de poche face à vous. Utilisez une aide à la confection d'angle (en photo) pour lisser l'angle.

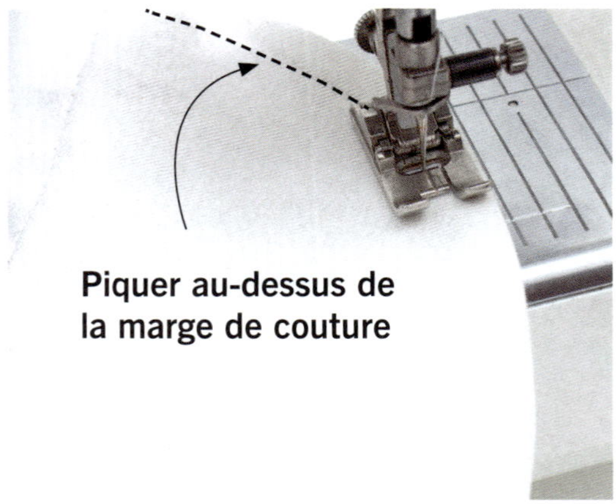

14 **Piquez la deuxième ligne de façon à prendre la marge de couture.** Piquez juste au-dessus du bord du premier pli de façon à ce que la première marge de couture soit prise par la deuxième ligne. Idéalement, la deuxième ligne doit mesurer moins de 10 mm de large, mais faites attention à piquer assez loin pour éviter que de la toile qui s'effiloche se prenne dans la couture et ressorte.

15 **Bâtissez la poche.** Bâtissez à la machine le côté et le haut en vue de piquer la couture latérale et celle de la ceinture. Les points de bâti vont maintenir la poche en place pour l'assemblage.

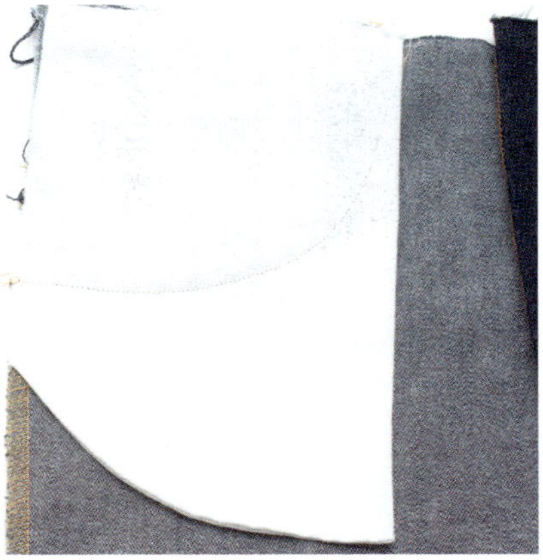

16 **L'envers de la poche.** Vous remarquerez les finitions impeccables obtenues grâce à la couture anglaise qui ferme le bas du fond de poche.

MÉTHODE PROFESSIONNELLE POUR POSER UNE FERMETURE À GLISSIÈRE

Cette méthode ressemble presque trait pour trait à celle utilisée dans l'industrie textile. Elle nécessite une parementure de braguette séparée – une pièce qui n'est pas présente sur tous les patrons de jean, mais vous pouvez utiliser le patron de parementure pour créer la vôtre. Si votre patron comprend une parementure intégrée, vous pouvez aussi monter la fermeture à glissière en utilisant la méthode détaillée page 91.

MATÉRIEL

- Fermeture à glissière pour jean
- Crayon (facultatif)
- Gabarit de surpiqûre (facultatif)
- Pied fermeture à glissière étroit
- Pied avec guide (facultatif)
- Aiguilles à denim ou pour surpiquer
- Du fil et une aiguille pour coudre à la main
- Paire de ciseaux

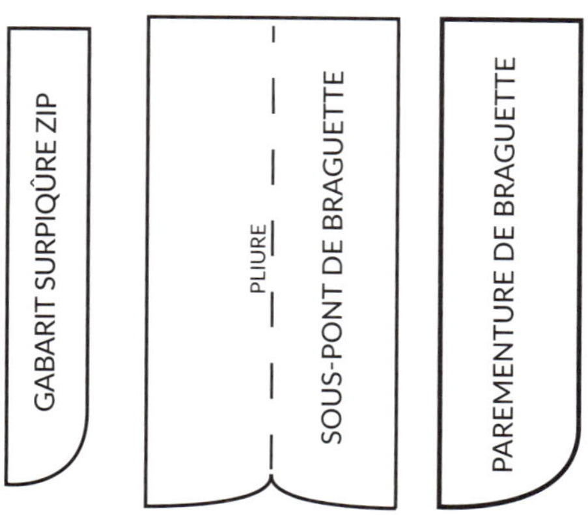

Gabarit et pièces de patron de la braguette

La parementure est cousue sur la fourche gauche après découpe (la technique traditionnelle en prêt-à-porter pour les braguettes de jean).

Vous aurez aussi besoin d'un patron pour le sous-pont de braguette et d'un gabarit de couture qui permettra de réaliser les surpiqûres facilement et avec plus de précision. Toutes les pièces sont dans le kit téléchargeable (voir page 184 pour plus d'informations).

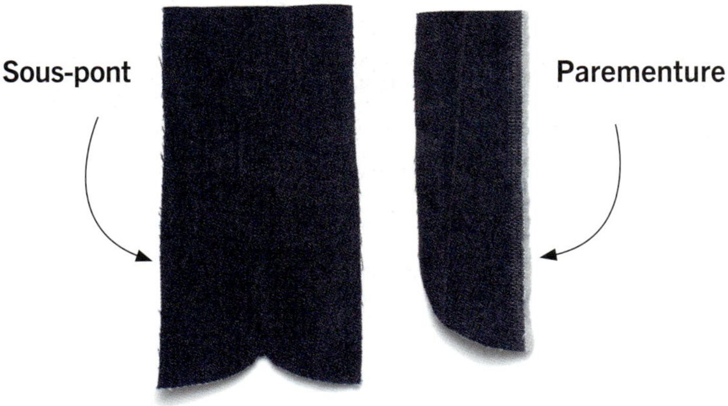

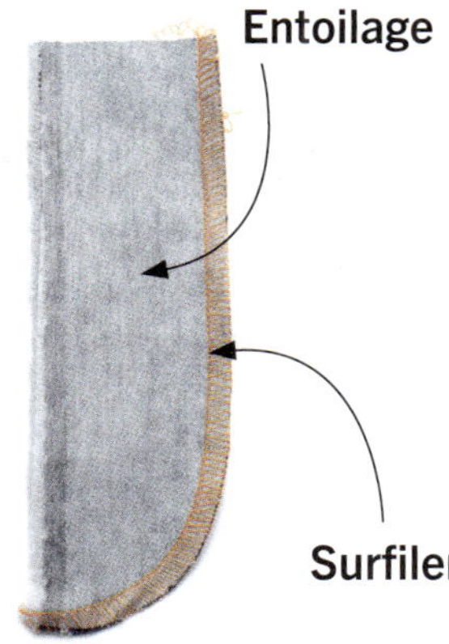

1 Découpez la parementure et le sous-pont.

2 Entoilez la parementure, puis surfilez le bord arrondi.

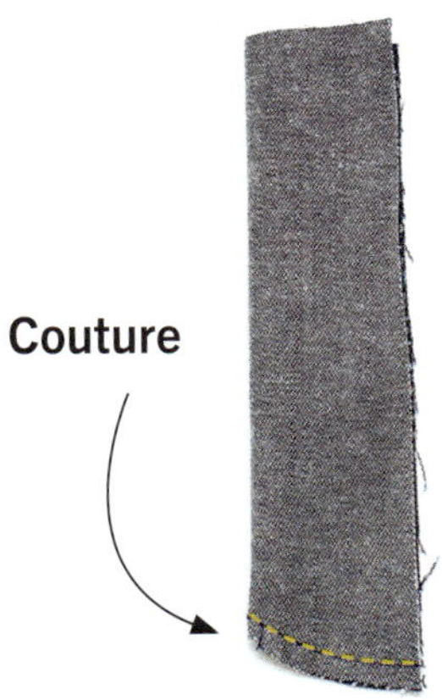

3 **Piquez le sous-pont.** Endroit contre endroit, piquez la couture inférieure du sous-pont. Il n'est pas nécessaire de coudre et retourner la couture latérale – cela créerait une surépaisseur inutile.

4 **Retournez et repassez le sous-pont.** Utilisez une aide à confection pour former un angle bien net. Après avoir repassé le sous-pont, surfilez-en le côté ouvert.

5 **Cousez la parementure au devant.** Placez la parementure le long du bord de la fourche devant gauche, envers contre envers. Piquez en point droit à environ 10 mm du bord.

6 **Repassez la couture.** Commencez par ouvrir la couture au fer. Puis rabattez la parementure derrière, et repassez le bord pour aplatir la couture.

7 **Surpiquez le bord.** Surpiquez la parementure à environ 3 mm du bord en partant du bas.

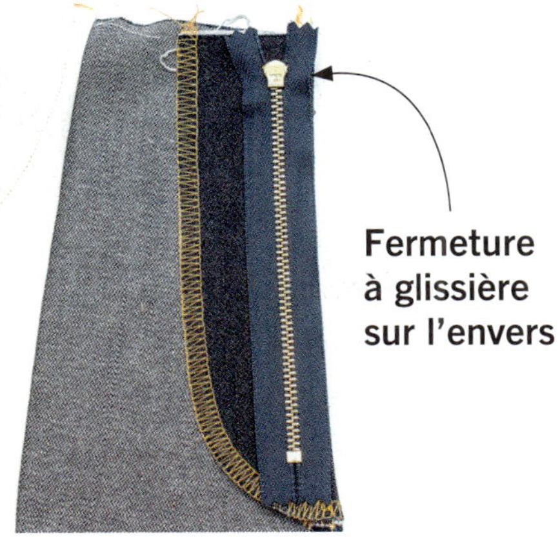

8 **Placez la fermeture à glissière sur la parementure.** Le curseur de la fermeture à glissière doit être contre l'ouvrage, et le ruban intérieur doit être aligné avec le bord de la fourche.

9 **Cousez la fermeture à glissière.** Piquez en point droit le long du bord du ruban extérieur de la fermeture à glissière.

10 **Dessinez la ligne de surpiqûre extérieure.** La courbe doit se terminer au moins 10 mm en dessous de la fin de la fermeture à glissière de façon à avoir assez de place pour le passage du pied au moment de surpiquer. Utilisez un gabarit de couture pour faciliter le marquage (voir page 95).

11 **Pliez l'extrémité du ruban extérieur de la fermeture à glissière.** Soulevez et pliez l'extrémité du ruban extérieur de la fermeture à glissière pour éviter qu'elle ne se prenne dans la surpiqûre. Piquez l'extrémité repliée avec quelques points de bâti pour la maintenir en place. Cette étape est nécessaire en prévision de la pose du sous-pont plus tard.

12 **Surpiquez le devant de la braguette.** Commencez par piquer la ligne extérieure du haut vers le bas.

13 **Faites pivoter la pièce pour piquer l'autre ligne.** Une fois en bas, aiguille dans la toile, relevez le pied et faites pivoter l'ouvrage de 90°. Piquez le long du bord sur environ 6 mm, faites de nouveau pivoter l'ouvrage et surpiquez la ligne intérieure. Les surpiqûres de la braguette doivent être réalisées en une couture continue.

14 Assemblez le sous-pont et la fermeture à glissière. Placez le ruban extérieur de la fermeture, curseur face à vous, le long du bord extérieur du sous-pont.

15 Piquez le long du bord du ruban de la fermeture à glissière. Partez du bas. À cette étape, vous devez avoir l'endroit de la fermeture à glissière face à vous.

16 Marquez un point de repère sur le devant droit. Placez la parementure gauche parallèle au devant droit. Faites une petite marque sur le devant droit pour repérer le début de la parementure sur le devant gauche.

17 Rabattez la marge de couture du devant droit et repassez.

18 **Cousez la fermeture à glissière au devant.** Placez le bord plié sur la fermeture à glissière, en laissant quelques millimètres entre le bord de la toile et les dents.

19 **Surpiquez le long du bord du sous-pont pour coudre la fermeture à glissière.** Des points de bâti rendront cette étape plus facile à réaliser. Si le ruban de la fermeture à glissière est assez fin, utilisez un pied pour fermeture à glissière pour ne pas que la couture se prenne dans les dents. Pour une fermeture à glissière plus large, vous pourrez utiliser un pied standard.

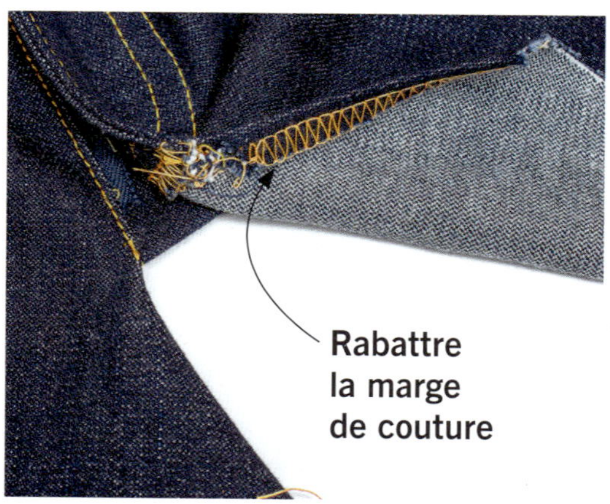

20 **Rabattez et repassez le bord inférieur de la fourche gauche.** Cette étape vient en préparation de la réalisation de la couture de la fourche.

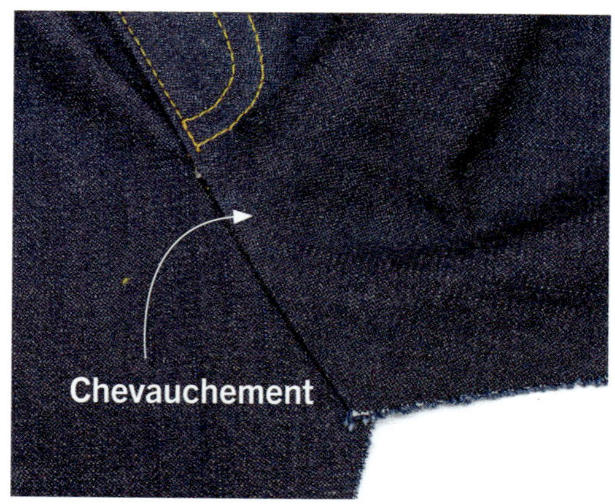

21 **Placez le bord rabattu sur le devant droit.** Alignez les bords des marges de couture.

22 **Surpiquez la fourche.** Piquez la première ligne en partant du bord inférieur et continuez de façon à chevaucher la surpiqûre de la braguette.

23 **Faites pivoter l'ouvrage.** Aiguille dans la toile, relevez le pied et faites pivoter l'ouvrage de 90°, puis piquez sur environ 6 mm.

24 **Faites pivoter de nouveau et piquez la ligne intérieure.** Utilisez la griffe du pied comme guide pour obtenir une couture régulière. Toutes les surpiqûres de la fourche doivent être réalisées en une couture continue.

25 **La fourche terminée.** Vous remarquerez que la surpiqûre de la fourche chevauche celle de la braguette. Vous pouvez aussi piquer de façon à dépasser le bord inférieur de la couture de la braguette.

26 **La braguette terminée.** Étant donné que le bas de la fermeture est cousu par deux surpiqûres, il n'est généralement pas nécessaire de coudre des barrettes de renfort. Vous pouvez quand même en réaliser en utilisant les méthodes décrites dans *Coudre des barrettes de renfort*, pages 62-63.

FERMETURE À GAUCHE OU À DROITE ?

Les pas-à-pas de ce livre montrent comment poser des braguettes (à fermeture à glissière ou à boutons) qui s'ouvrent à droite. C'est la façon dont sont traditionnellement confectionnés les jeans, mais vous avez sûrement remarqué que sur certains pantalons, les braguettes ont une ouverture à gauche.

Cette variante a une origine historique. Quand on a commencé à utiliser des fermetures à boutons, l'ouverture était à droite sur les vêtements pour hommes et à gauche sur les vêtements pour femmes. À l'époque, les hommes devaient s'habiller seuls tandis que les femmes de la noblesse avaient des habilleuses, d'où les fermetures en miroir sur leurs vêtements. Bizarrement, cette tradition est restée, on peut donc toujours trouver beaucoup de vêtements pour femmes avec des braguettes qui s'ouvrent à gauche.

En fin de compte, tout est question de préférence personnelle. Si vous voulez que votre braguette s'ouvre à gauche, vous pouvez suivre les tutoriels de ce livre simplement en intervertissant « gauche » et « droite ».

POSER UNE FERMETURE À GLISSIÈRE AVEC PAREMENTURE INTÉGRÉE

La pose d'une fermeture à glissière sur un jean nécessite un certain nombre d'étapes et des surpiqûres précises, mais cela ne doit pas vous intimider pour autant. Ce pas-à-pas montre comment poser une fermeture à glissière sur un patron avec une parementure intégrée, grâce à un mélange de techniques de couture maison et issues du prêt-à-porter.

MATÉRIEL

- Fermeture à glissière pour jean
- Gabarit en papier
- Crayon (facultatif)
- Pied fermeture à glissière étroit
- Pied avec guide (facultatif)
- Aiguilles à denim ou pour surpiquer
- Du fil et une aiguille pour coudre à la main
- Paire de ciseaux

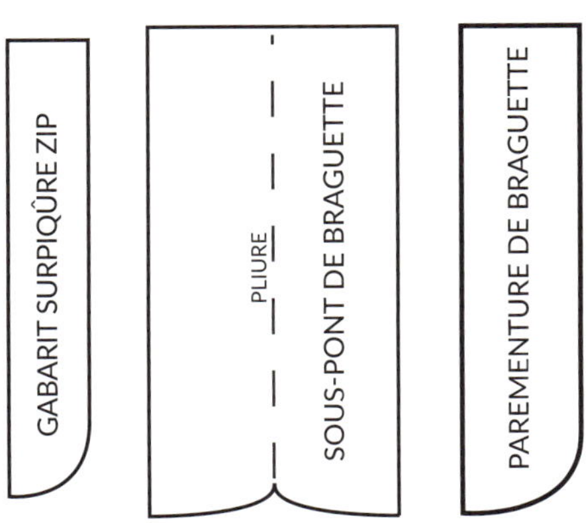

Gabarit et pièces de patron de la braguette

Le devant d'une fourche peut se présenter sous deux formes : en une pièce avec parementures intégrées ou avec la parementure séparée à assembler après découpe à la fourche gauche. Dans ce tutoriel, la parementure est en extension – elle est intégrée au devant. Toutes les pièces sont à retrouver dans le kit gratuit téléchargeable (voir page 184).

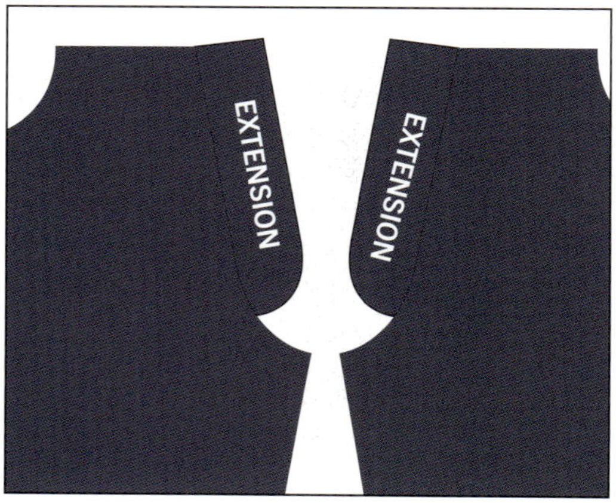

1 **Coupez les devants avec parementure intégrée sur les deux pièces.** L'extension sera raccourcie d'un côté plus tard.

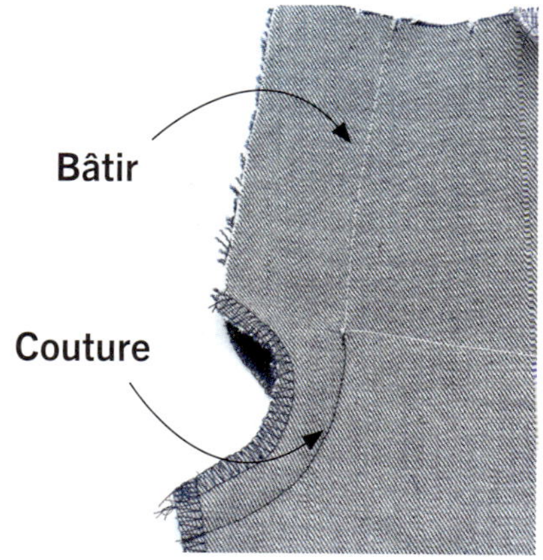

2 **Assemblez les devants.** Assemblez les devants en piquant la couture de la fourche jusqu'au niveau du petit trou (fil foncé). Bâtissez le reste de la couture (fil blanc).

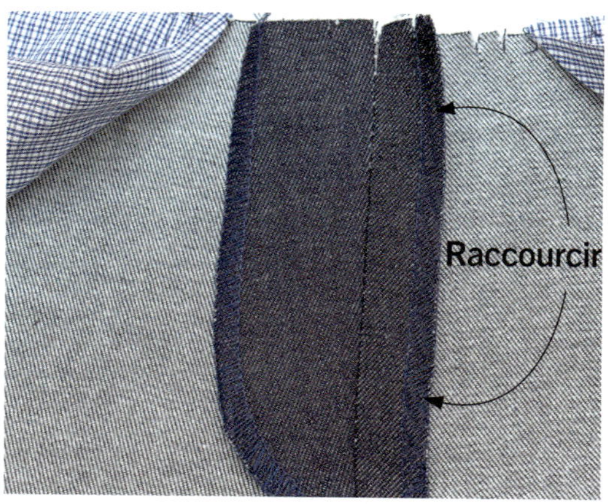

3 **Raccourcissez la parementure droite si besoin.** Côté droit, retirez l'excédent de toile pour avoir une extension de seulement 12 mm de large. Surfilez les bords si ce n'est pas déjà fait.

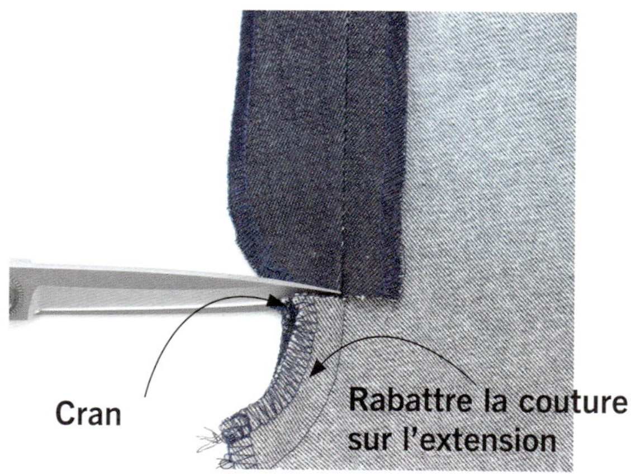

4 **Crantez la couture de la fourche.** Crantez juste en dessous de la parementure. La partie parementure doit rester libre et la partie sous le cran doit être rabattue sur l'extension.

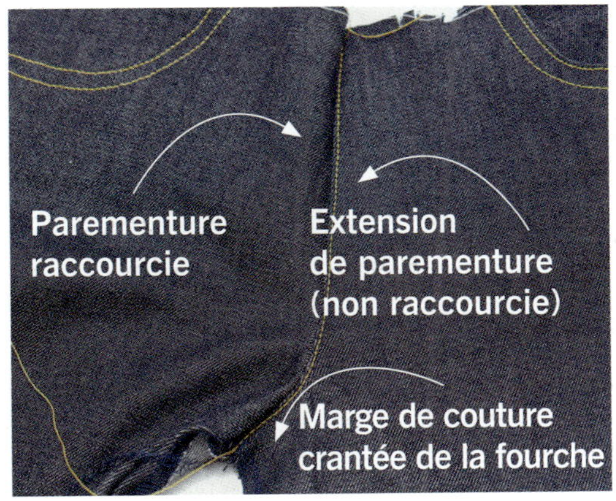

5 **Surpiquez la fourche.** Piquez dans la couture côté extension (parementure non raccourcie). Vérifiez que la partie crantée est rabattue sur la parementure et piquez par-dessus. Cette étape est plus simple à réaliser avec un pied dans la couture.

6 **Posez la fermeture.** Placez la fermeture à glissière endroit contre l'extension raccourcie. Cousez la fermeture à glissière à l'extension, en piquant assez près des dents avec un pied à fermeture étroit.

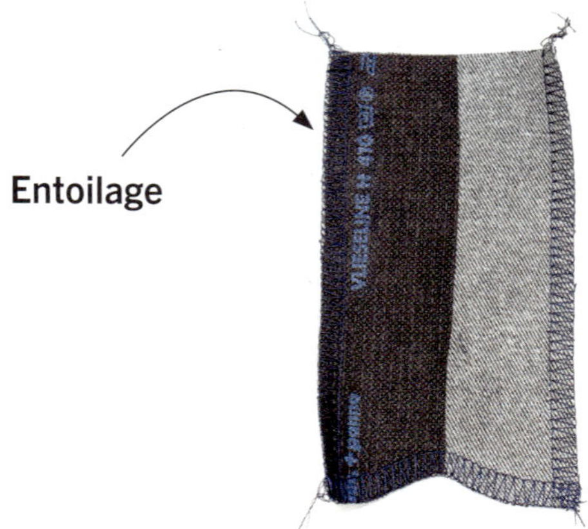

7 **Entoilez et surfilez le sous-pont.** Thermocollez l'entoilage sur l'un des côtés du sous-pont. L'entoilage doit légèrement empiéter sur la pliure. Surfilez tous les bords.

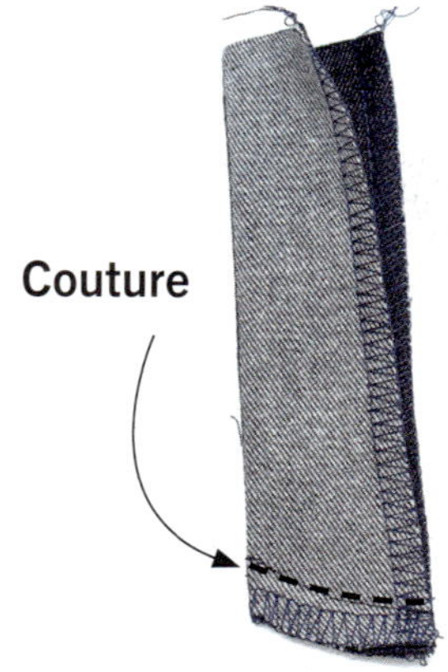

8 **Piquez le bas du sous-pont.** Il n'est pas nécessaire de piquer et retourner la couture latérale – cela créerait une surépaisseur inutile. Dans l'industrie textile, le sous-pont est la plupart du temps ouvert d'un côté.

9 **Retournez et repassez.** Utilisez une aide à confection pour former un angle bien net.

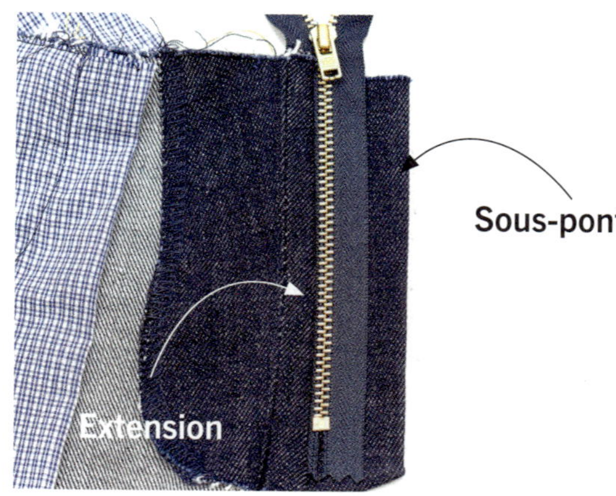

10 **Glissez le sous-pont sous l'extension et la fermeture.** Alignez le bord intérieur du sous-pont avec la marge de couture de l'extension raccourcie.

11 **Cousez le sous-pont à la fermeture.** Piquez proche du bord sur le côté gauche de la fermeture de façon à prendre l'empiècement de hanche, la fermeture et l'extension raccourcie.

12 **Rabattez la fermeture sur la parementure, curseur de la fermeture contre l'ouvrage.** Rabattez le devant et cousez le ruban de la fermeture à la parementure, sans piquer à travers le jean.

13 **Dessinez la surpiqûre extérieure de la fermeture.** Utilisez un crayon de couture ou une roulette à patron pour reporter les lignes de couture sur la toile en vous aidant d'un gabarit.

14 **Rabattez le sous-pont vers la droite et épinglez-le.** Avant de passer à la surpiqûre, vous devez rabattre le sous-pont pour éviter qu'il ne se prenne dans les points, car cela empêcherait d'ouvrir la fermeture à glissière.

15 **Surpiquez la couture extérieure de la braguette.** Piquez de haut en bas en suivant le marquage. Vérifiez que vous ne piquez pas à travers le sous-pont, qui doit rester hors de portée de l'aiguille pour cette étape.

16 **Première surpiqûre.** La fin de la surpiqûre au niveau de la fourche sera consolidée plus tard avec des barrettes de renfort, une fois les deux lignes piquées.

17 **Surpiquez la deuxième ligne.** Utilisez la première ligne comme guide. Alignez la première ligne à un point de repère sur le pied – un angle, par exemple. Cela vous aidera à piquer une deuxième ligne bien parallèle à la première.

18 **Retirez les points de bâti.**

19 **Rabattez le sous-pont.** Cette étape vise à préparer la réalisation des barrettes de renfort qui permettront de maintenir en place le bas du sous-pont.

20 **Cousez des barrettes de renfort.** En partant de la couture de la fourche, piquez des points zigzag serrés sur la surpiqûre de la braguette. Les barrettes de renfort doivent être piquées sur le sous-pont. Cette étape permet de consolider la couture de la fourche et de maintenir en place le bas du sous-pont. Pour des idées de barrettes de renfort, voir *Coudre des barrettes de renfort*, pages 62-63.

21 **La braguette terminée.**

RÉALISER UNE BRAGUETTE À BOUTONS

La braguette à boutons était la méthode de fermeture d'origine sur les jeans et continue d'avoir la cote. En apparence assez élaborée, la braguette à boutons est souvent plus facile à réaliser que la pose d'une fermeture à glissière, surtout si vous débutez dans la confection de jeans.

Il est aussi bon de savoir que la braguette à boutons est plus adaptée pour les jeans avec une coupe ample parce que les boutons ont tendance à s'ouvrir sur les jeans dont la coupe est plus ajustée.

MATÉRIEL

- Entoilage léger
- Crayon
- Aiguilles à denim ou pour surpiquer
- Aiguille pour surpiquer et aiguille pour machine à coudre standard
- Paire de ciseaux
- Boutons

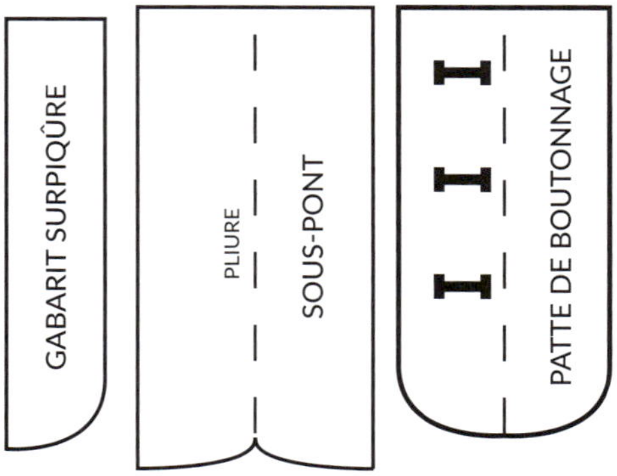

Gabarit de couture et pièces de patron de la braguette à boutons

Pour confectionner une braguette à boutons, vous aurez besoin de deux pièces de patron : un sous-pont et une patte de boutonnage. Le gabarit de surpiqûre est facultatif, mais facilitera le tracé des lignes de couture de la braguette. Toutes les pièces sont disponibles dans le kit gratuit téléchargeable (voir page 184 pour plus d'informations).

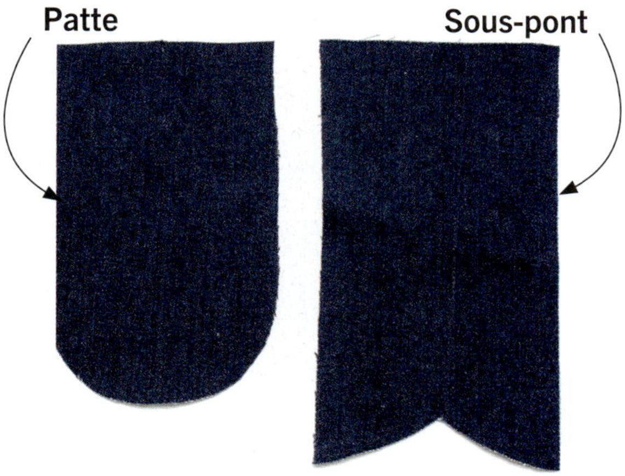

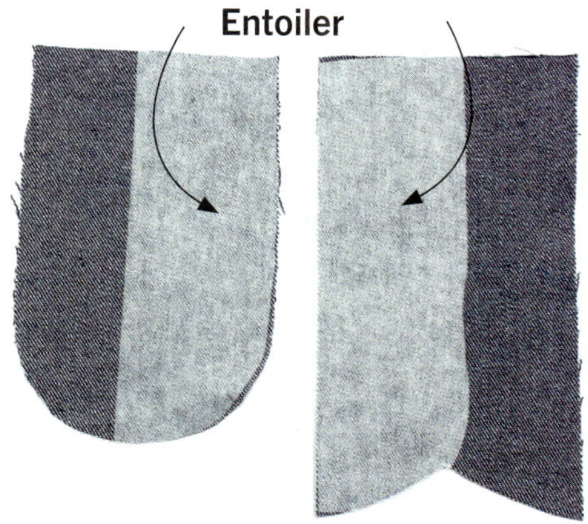

1 **Découpez la patte et le sous-pont.** S'il manque les pièces d'une braguette à boutons sur votre patron, utilisez les patrons téléchargeables proposés dans ce livre (voir page 184) en ajustant la longueur si besoin.

2 **Entoilez les pièces.** Si le denim utilisé est une toile légère à mi-épaisse et/ou stretch, posez un entoilage thermocollant fin sur le côté qui sera face au corps. Laissez les bords de l'entoilage dépasser sur la pliure centrale pour la rendre bien nette.

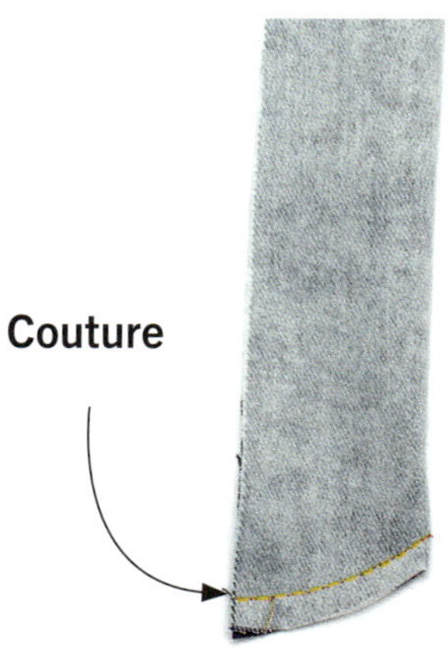

3 **Cousez le sous-pont.** Endroit contre endroit, piquez la couture inférieure du sous-pont. Le côté long doit rester ouvert. Retournez le sous-pont et utilisez une aide à confection pour former un angle bien pointu.

4 **Repassez le sous-pont et la patte – endroits face à vous, et envers contre envers.**

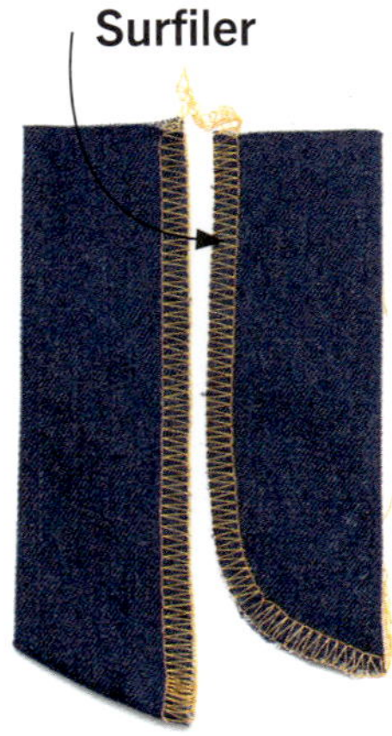

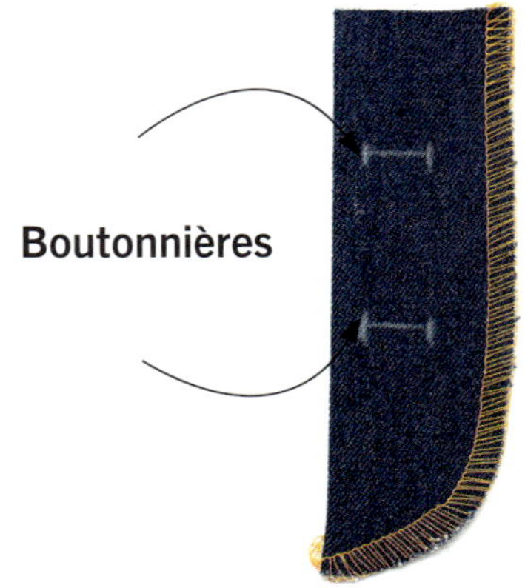

5 **Surfilez les bords.** Ouvrez les bords de la patte et du sous-pont et surfilez-les aux points de surjet ou zigzag. Vous pouvez laisser les bords supérieurs bruts parce qu'ils seront pris dans la ceinture.

6 **Marquez les boutonnières.** Dessinez 2 à 4 boutonnières sur la patte. Le bouton le plus haut doit se trouver environ 20-25 mm en dessous du bord supérieur de la marge de couture. Placez le bouton le plus bas à environ 60 mm de l'extrémité de la patte. Espacez régulièrement les boutons et de façon à ce que les extrémités des boutonnières soient à environ 6-10 mm du bord plié.

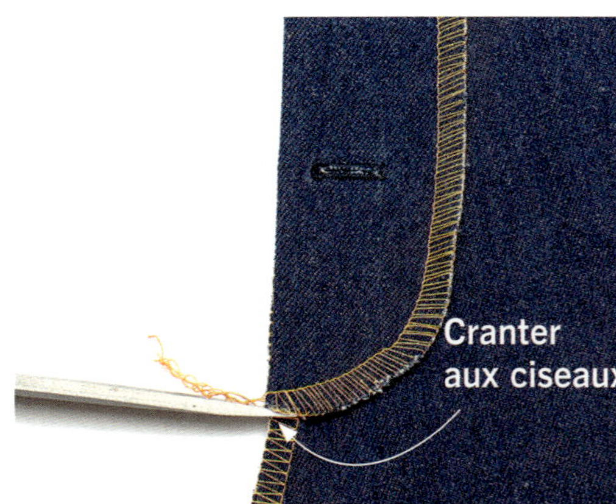

7 **Cousez les boutonnières.** Voir *Coudre des boutonnières*, pages 161-163, pour un pas-à-pas détaillé.

8 **Coupez un cran en dessous de la patte.** Placez la patte sur la pièce devant gauche, de façon à l'aligner avec les bords du devant. Coupez un cran de 6 mm de long juste sous la patte. Le cran doit être moitié moins long que la marge de couture.

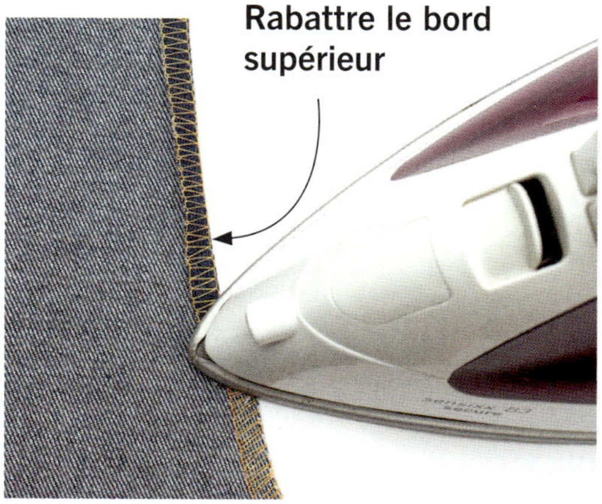

9 **Rabattez et repassez le bord de la fourche au-dessus du cran.** Le rabat doit être aussi large que le cran. Vous remarquerez que vous êtes en train de travailler sur la pièce devant gauche.

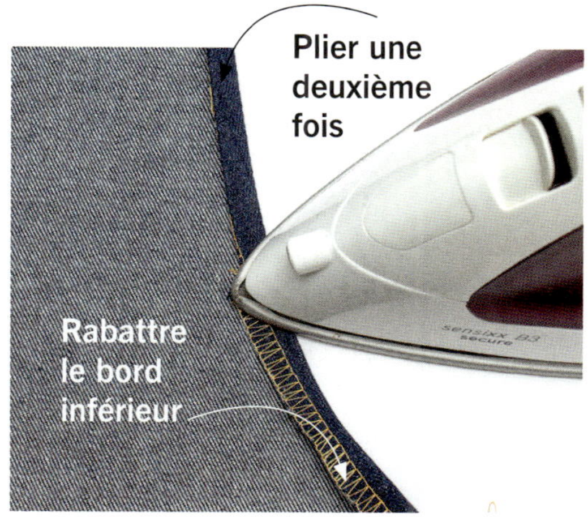

10 **Rabattez et repassez de nouveau.** Cette fois-ci, tout le bord doit être rabattu – la partie au-dessus du cran doit donc être pliée deux fois et celle en dessous une fois.

11 **Surpiquez le bord de la braguette.** Piquez une couture sur la zone pliée deux fois sur elle-même avec un fil à surpiqûre dans l'aiguille et du fil tout usage dans la canette.

12 **Dessinez la ligne de couture extérieure de la braguette sur le devant gauche.** Avant de passer à l'étape suivante, placez la patte sur le trait tracé pour vérifier que la surpiqûre passera bien sur le bord extérieur de la patte (très important).

13 **Placez la patte sur l'envers du devant gauche.** Le bord de la patte doit être légèrement décalé vers l'intérieur de façon à avoir environ 5 mm d'écart entre la patte et le bord plié et surpiqué.

14 **Surpiquez la braguette.** Commencez par piquer la ligne extérieure, en vérifiant que les points attrapent bien la patte en dessous.

15 **Pivotez une fois en bas.** Aiguille dans la toile, faites pivoter l'ouvrage de 90° et remontez sur environ 5-6 mm.

16 **Pivotez de nouveau et piquez la deuxième surpiqûre.** Utilisez le bord externe du pied comme point de repère pour avoir des lignes bien parallèles.

17 **Cousez le sous-pont au devant.** Sous-pont face à l'endroit du devant droit, piquez le long du bord. La largeur de la couture doit être légèrement plus petite que la marge de couture de cette zone.

18 **Rabattez et repassez le sous-pont.**

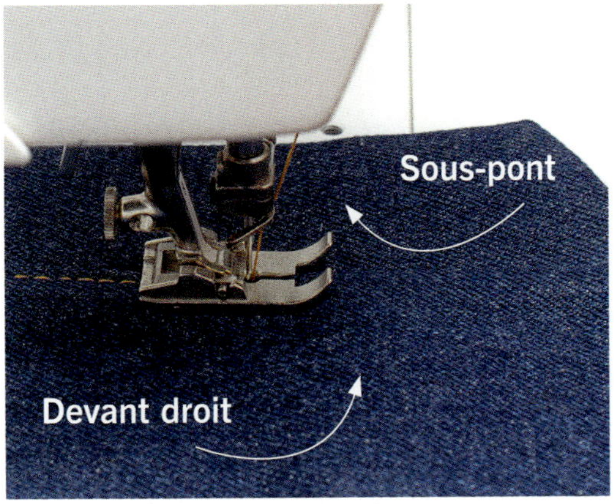

19 **Piquez le sous-pont dans la couture.** Utilisez du fil à surpiqûre dans l'aiguille, et piquez près du bord du haut vers le bas.

20 **Rabattez et repassez la marge de couture de la fourche.**

21 **Alignez la patte et le sous-pont.** Placez le côté patte (devant gauche) sur le sous-pont (devant droit). Le bord du devant gauche doit empiéter sur la ligne de couture du sous-pont, idéalement de moins de 5 mm. Épinglez les pièces ensemble.

22 **Placez la marge de couture pliée du devant gauche sur le devant droit.** La fourche sera assemblée en réalisant une surpiqûre et non une couture standard.

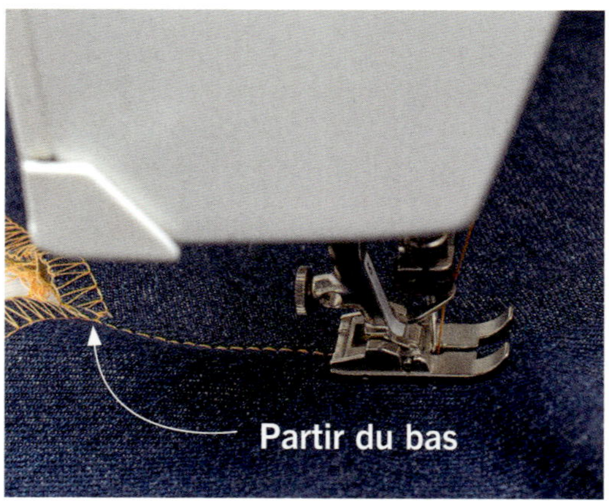

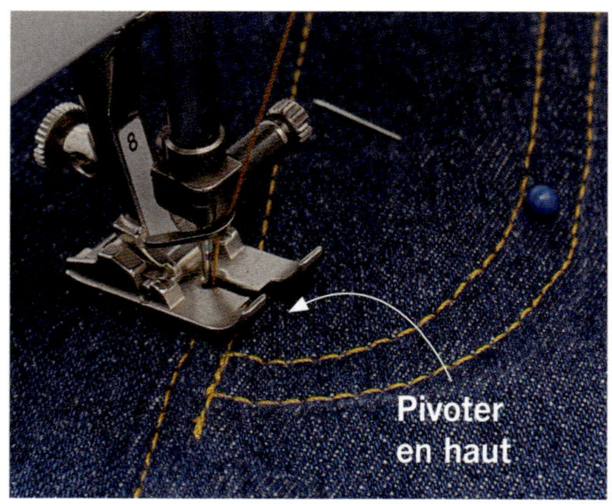

23 **Surpiquez la fourche pour assembler les deux pièces.** Partez du bord inférieur et piquez la première ligne le long du bord ; continuez jusqu'à ce que les points empiètent sur la surpiqûre de la braguette.

24 **Pivotez.** Une fois en bas de la patte, pivotez et piquez sur environ 6 mm, à l'horizontale ou à la verticale.

25 Pivotez de nouveau pour piquer la surpiqûre intérieure. Prenez la griffe du pied comme guide pour piquer des lignes bien parallèles. Toutes les surpiqûres de la fourche doivent être réalisées en une couture continue.

26 Piquez une barrette de renfort pour consolider la couture. Utilisez un point zigzag serré et court. Piquez juste au-dessus de la partie courbe, là où le sous-pont et la patte se chevauchent. Voir *Coudre des barrettes de renfort*, pages 62-63, pour un pas-à-pas détaillé.

27 Cousez les boutons au sous-pont. Pour un pas-à-pas détaillé sur la pose de boutons en denim, voir les tutoriels pages 164-167.

28 La braguette à boutons terminée. Il y a beaucoup d'étapes, mais l'assemblage est simple – même si c'est votre première braguette à boutons.

POCHES ARRIÈRE

Avec les bons outils et la bonne préparation, les poches arrière sont assez simples à réaliser. Le secret, c'est d'utiliser un gabarit de repassage comme guide pour façonner les poches. Cela permet d'obtenir des poches impeccables avec des angles bien dessinés.

Vous pouvez coudre les poches avant de piquer les coutures de l'empiècement et de la fourche, ou après, si vous voulez essayer différents placements – plus simple à faire quand les autres coutures sont déjà piquées.

MATÉRIEL

- Carton pour les gabarits de repassage
- Crayon ou autre outil de marquage
- Fil à surpiqûre
- Pied dans la couture
- Aiguilles à denim ou pour surpiquer

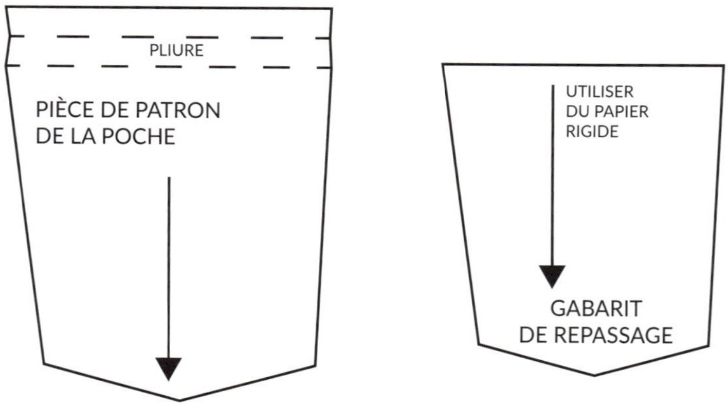

Pièces de patron de la poche arrière

Le patron de la poche arrière est disponible dans le kit téléchargeable (voir page 184) et se compose de deux pièces : la poche et le gabarit de repassage – qui est de la même forme que la poche, mais avec les marges de couture en moins. Pour le gabarit, n'importe quel papier rigide fera l'affaire – le carton d'une boîte de céréales, le dos d'un bloc-notes ou tout autre type de papier cartonné.

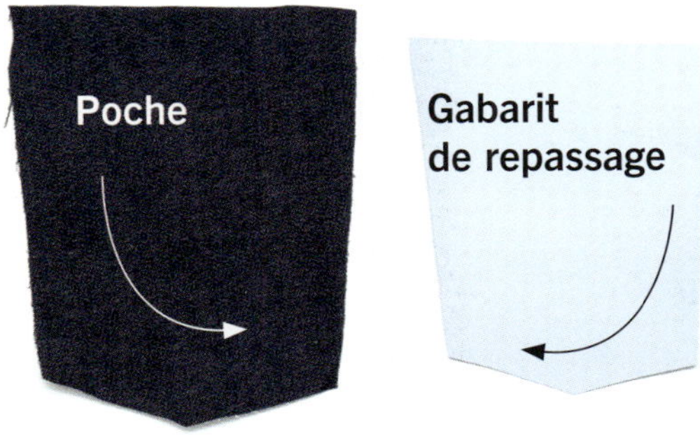

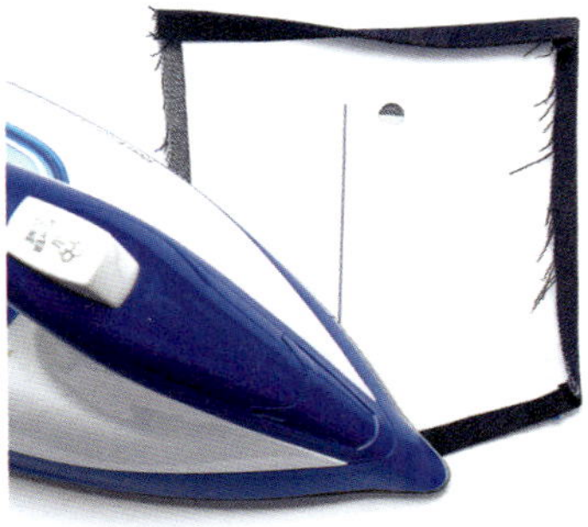

1 **Préparez les poches et le gabarit.** Découpez un gabarit en carton des mêmes dimensions que celles de la poche finale souhaitée. Il n'est pas nécessaire de surfiler les bords de la poche ; la surpiqûre suffira à empêcher la toile de s'effilocher.

2 **Façonnez les poches avec le gabarit.** Commencez par rabattre et repasser le bord supérieur de l'ouverture de la poche, puis pliez le rabat une deuxième fois. Façonnez et repassez les bords restants, en faisant attention à ce que les angles soient bien nets.

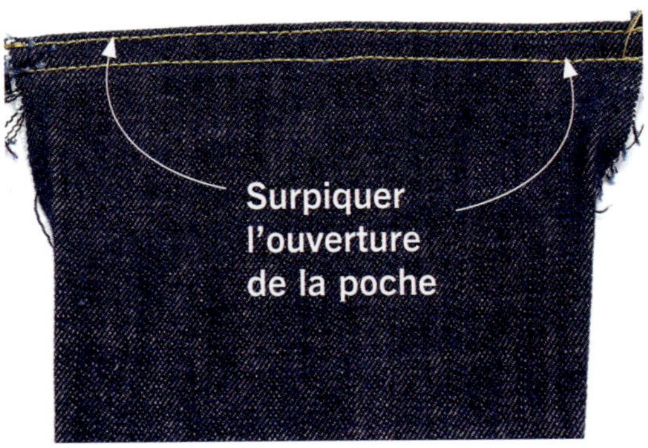

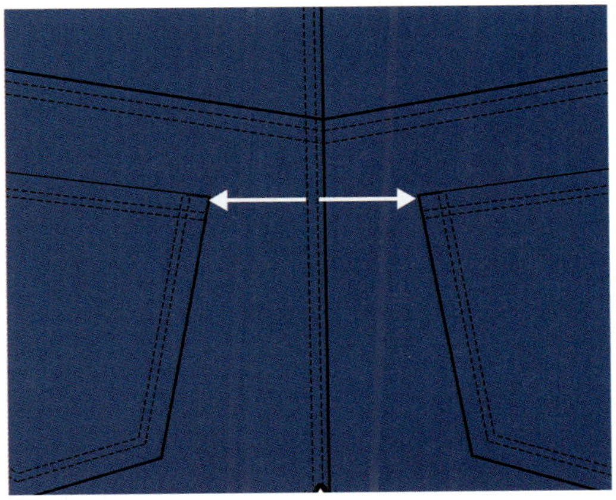

3 **Surpiquez le bord supérieur de la poche.** Piquez une ou deux lignes.

4 **Positionnez les poches.** Sur un jean, c'est la surpiqûre du milieu dos, et non le sillon formé par la couture, qui doit servir de point de repère. L'idée est d'avoir la même distance entre la surpiqûre gauche et la poche gauche, et la surpiqûre droite et la poche droite. Faites des essais pour voir ce qui vous convient le mieux visuellement. Voir *Placement des poches arrière*, pages 112-113, pour plus d'idées.

5 **Épinglez les poches sur le jean.** Mesurez la distance depuis le point arrière et l'empiècement pour vérifier que le placement est bien symétrique. Épinglez les poches au jean – pas trop pour éviter qu'elles gênent pendant le piquage.

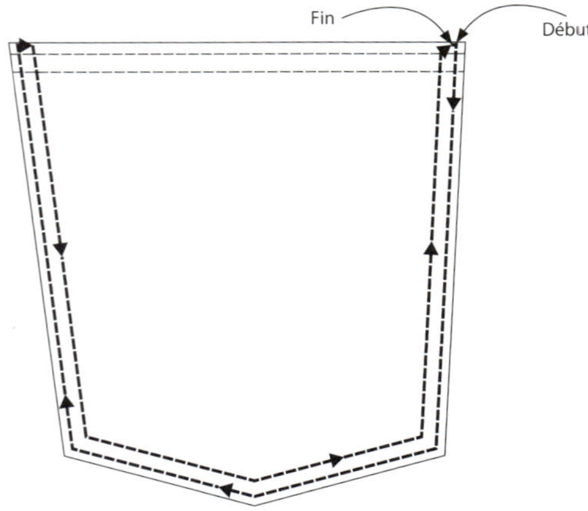

6 **Ordre de réalisation des surpiqûres d'une poche arrière.** Pour un assemblage solide, piquez les deux lignes en continu, en suivant les flèches du diagramme.

7 **Surpiquez la ligne extérieure.** Piquez une ou deux épingles au centre de la poche pour la maintenir en place avant de réaliser les surpiqûres. Commencez par la ligne extérieure en prenant le bord de la poche comme guide. Piquez jusqu'à atteindre l'angle opposé du bord supérieur.

8 **Piquez la deuxième ligne.** Si vous réalisez les surpiqûres en continu, une fois en haut, faites demi-tour, pour passer à la réalisation de la ligne intérieure. Prenez le bord externe du pied comme guide, en le plaçant le long de la première ligne. Pour finir : réduisez la longueur de point pour repasser sur la ligne extérieure et bloquer la couture sans avoir recours au point arrière.

9 **Les surpiqûres terminées.** Pour consolider davantage les surpiqûres, vous pouvez coudre des barrettes de renfort (voir étape suivante) ou poser des rivets (voir page 158) dans les angles supérieurs des poches.

10 **Cousez des barrettes de renfort.** Piquez en zigzag serré et court à l'horizontale ou à la verticale pour consolider les angles de la poche. Voir page 62 pour un pas-à-pas plus détaillé sur la réalisation des barrettes de renfort.
ASTUCE : Repliez la toile ou utilisez une cale pour avoir un entraînement bien fluide.

11 **La barrette terminée.** Si les points de la barrette ont l'air irréguliers, ce n'est pas grave. Beaucoup d'aficionados préfèrent que ce soit le cas – d'autant que piquer des barrettes de renfort impeccables sur du denim avec une machine à coudre domestique n'est pas si facile. Allonger la longueur de point peut aussi grandement aider à fluidifier l'entraînement quand il y a beaucoup d'épaisseurs.

12 **La poche terminée.** Cette méthode qui consiste à utiliser un gabarit de repassage et à réaliser toutes les surpiqûres en une couture continue permet d'obtenir une poche très solide à la forme impeccable.

PLACEMENT DES POCHES ARRIÈRE

Le placement, la forme et le style des poches arrière peuvent avoir un impact important sur l'aspect visuel du dos d'un jean. Voici quelques suggestions pour obtenir le rendu précis que vous avez en tête.

EFFET FESSES PLUS RONDES

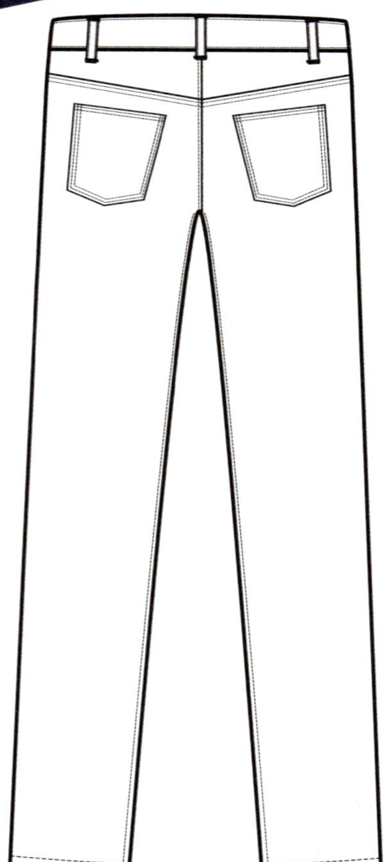

Partez sur des poches plus petites. Les poches doivent finir au-dessus de la courbe du bas des fesses, et non en dessous. Optez pour une forme de poche avec le côté intérieur en biais.

EFFET FESSES PLUS PETITES

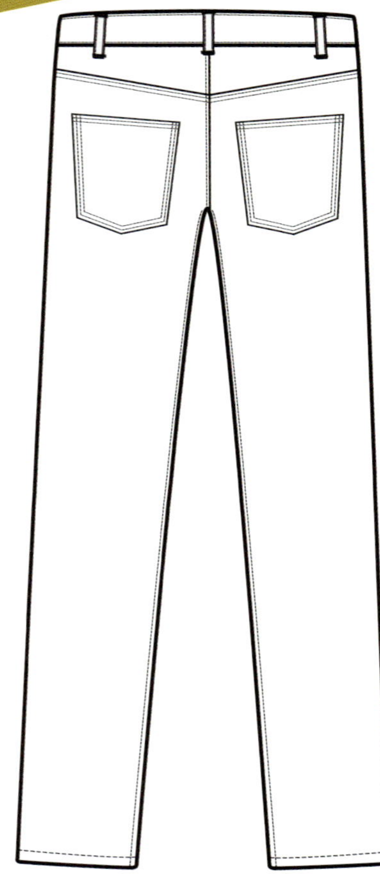

Partez sur des poches simples sans rabats ni trop de finitions décoratives. Optez pour des poches assez grandes et placez-les de façon à ce qu'elles finissent au niveau des cuisses, plutôt que sur le bombé des fesses.

EFFET FESSES PLUS PLATES

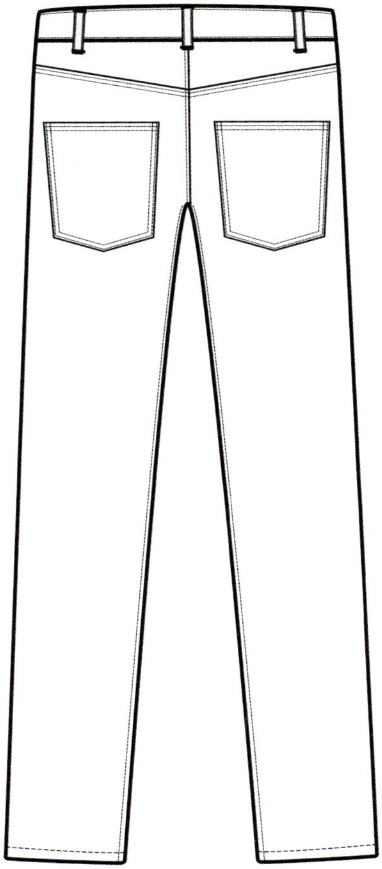

Partez sur des poches grandes et droites. Placez les poches assez bas de façon à ce qu'elles partent du milieu des fesses ou plus bas et qu'elles recouvrent un peu le haut des cuisses.

ASTUCE : Comme ce n'est pas évident à faire soi-même, n'hésitez pas à demander à une personne de confiance son avis et son aide pour épingler les poches.

EFFET FESSES PLUS ÉTROITES

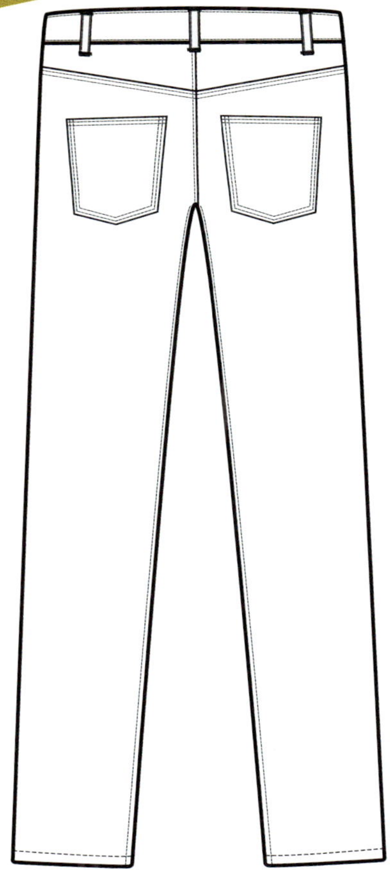

Pour donner l'impression d'un fessier plus étroit qu'il ne l'est vraiment, rapprochez les poches pour qu'elles soient au centre de chaque fesse. Optez plutôt pour une poche de taille moyenne.

SURPIQÛRES DES POCHES ARRIÈRE

Pour de nombreuses marques de denim, la couture décorative sur les poches arrière, aussi appelée « *arcuate* », est depuis longtemps un élément distinctif incontournable. Traditionnellement, cet *arcuate* est réalisé à la machine à double aiguille pour obtenir deux lignes bien parallèles – une couture emblématique que des marques comme Levi's, Lee et Wrangler utilisent toujours. De nos jours, beaucoup de motifs ont un tracé plus libre, facile à recréer avec une machine à coudre domestique.

CHOIX DE FILS ET DE POINTS

FIL RÉSISTANT

Optez pour du fil à surpiqûre dans l'aiguille et du fil tout usage dans la canette. Allongez la longueur de points à 4-5 mm.

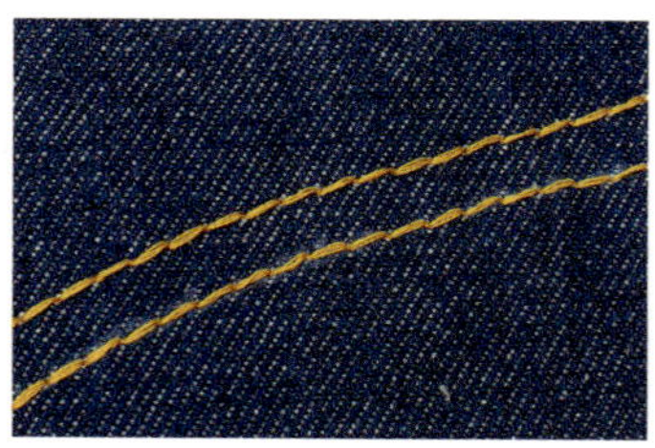

PLUSIEURS FILS

Remplissez deux à trois canettes avec du fil tout usage pour machine à coudre. Empilez les canettes dans le porte-bobine. Installez les canettes comme d'habitude, puis enfilez tous les fils dans le chas de l'aiguille. **ASTUCE :** Utilisez une aiguille pour surpiquer, dont le chas est assez gros, pour faciliter l'enfilage.

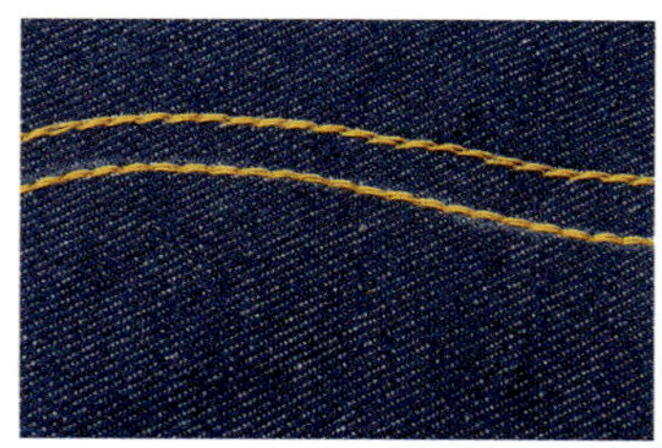

DOUBLES SURPIQÛRES

Surpiquez une deuxième ligne très près de la première en utilisant du fil à surpiqûre dans l'aiguille. Cela crée un effet 3D subtil qui parfait la couture. Pour un rendu équilibré, veillez à ce que les lignes soient aussi parallèles que possible.

PIQUÉ LIBRE

MATÉRIEL

- Papier transfert pour textile sombre
- Roulette à patron
- Modèle d'*arcuate* imprimé sur du papier standard

1 **Placez le papier calque sur l'endroit de la poche.** Positionnez le modèle d'*arcuate* sur la poche et reportez le motif sur la toile à l'aide d'une roulette à patron.

2 **Piquez l'*arcuate*.** Piquez lentement en faisant bien attention. Guidez délicatement la toile avec vos mains de façon à ce que l'aiguille pique toujours au bon endroit. Il faut toujours que l'aiguille soit en position basse, dans la toile, au moment de pivoter.

3 **Bloquez la couture – soit avec un point d'arrêt classique en points arrière, soit en repassant sur la couture.** Pour éviter d'avoir une fin de couture trop volumineuse, plutôt que de piquer des points arrière, vous pouvez réduire la longueur de points et repasser sur la couture.

4 **L'*arcuate* terminé.** N'utilisez pas le fer sur la poche avant d'avoir effacé les tracés restants avec un linge humide, car la chaleur a tendance à incruster le marquage dans la toile, ce qui le rendra plus difficile à retirer. Rabattez et repassez les bords de la poche selon la méthode décrite dans *Poches arrière* (voir pages 108-111).

SURPIQÛRES PARALLÈLES

MATÉRIEL

- Modèle d'*arcuate* imprimé sur du papier standard
- Crayon de marquage, craie tailleur ou roulette à craie

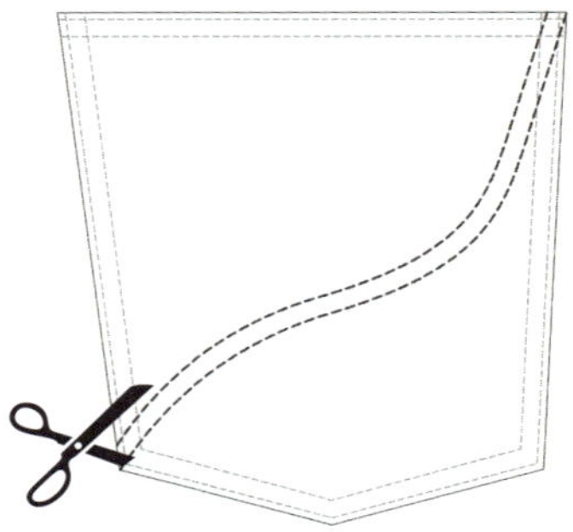

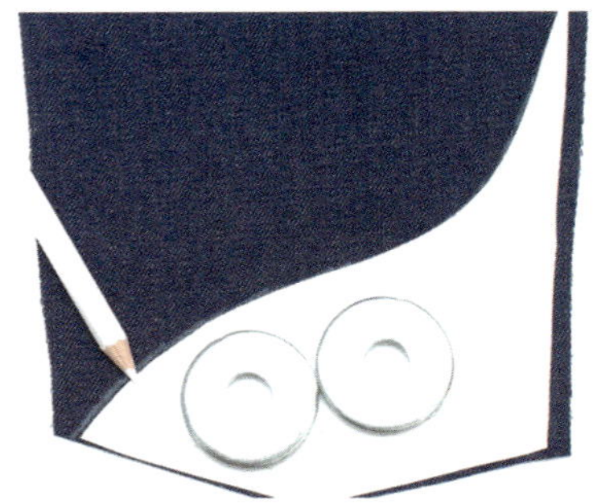

1 **Préparez le modèle d'*arcuate*.** Découpez en suivant la première ligne de pointillés. Vous n'avez pas besoin de reporter la deuxième ligne parce qu'elle sera piquée parallèle à la première en utilisant les bords du pied comme guide.

2 **Tracez la première ligne.** Placez le modèle découpé sur l'endroit de la poche arrière. Tracez une ligne en suivant le gabarit.

3 **Préparation.** Pour piquer un *arcuate* traditionnel, partez toujours du bord de la toile. Aiguille dans la toile et fils tirés vers l'arrière, commencez à piquer sur le marquage.

4 **Une fois au bout de la ligne, pivotez.** L'*arcuate* doit être piqué en une couture continue. De fait, une fois la première ligne terminée, faites pivoter l'ouvrage avec l'aiguille dans la toile, et piquez quelques points en remontant.

5 **Surpiquez la deuxième ligne.** Utilisez le bord du pied comme guide pour que cette deuxième ligne soit piquée bien parallèle à la première.

6 **Pivotez pour piquer le point d'arrêt.** Pour que la couture soit solide, terminez en redescendant le long du bord pour repasser sur la première ligne avec quelques points plus courts. Cela devrait suffire, car l'*arcuate* sera encore plus solide une fois les poches surpiquées au jean.

7 **L'*arcuate* terminé.** Vous remarquerez qu'il s'agit d'une couture continue. Effacez les tracés restants avec un linge humide avant de rabattre les bords au fer, car la chaleur peut rendre le marquage indélébile.

FOURCHE, EMPIÈCEMENT ET COUTURES LATÉRALES

L'assemblage d'un jean est très différent du procédé habituellement utilisé pour les jambes d'un pantalon. L'inconvénient de la méthode pour les jeans est qu'on peut difficilement faire des ajustements en cours de confection, il faut donc bien vérifier les mesures avant de piquer les coutures latérales (extérieures).

MATÉRIEL

- Fil à surpiqûre et fil tout usage pour la canette
- Fil tout usage pour l'assemblage des pièces
- Surjeteuse ou machine à coudre pour surfiler les bords de la toile
- Pied dans la couture pour les surpiqûres (facultatif)
- Aiguille à denim et aiguille pour surpiquer (facultatif)

LES BASES DU SURFILAGE

- **POUR LES COUTURES SURPIQUÉES :** Surfilez les deux épaisseurs après avoir piqué les coutures pour économiser du temps et éviter les surépaisseurs (p. ex. : les coutures de la fourche et de l'empiècement).
- **POUR LES OUVERTURES DE COUTURE AU FER :** Surfilez chaque épaisseur séparément avant de les assembler (généralement au niveau de la couture latérale).
- **SURFILER À LA SURJETEUSE :** Optez pour le point de surjet à 3 fils ou la couture plate à 2 fils.
- **SURFILER À LA MACHINE À COUDRE :** Un point zigzag légèrement moins serré sera parfait.
- **LISIÈRE :** Surfilage inutile.

SURPIQÛRE DES COUTURES LATÉRALES

Pour faciliter l'assemblage, vous devrez choisir entre surpiquer les coutures extérieures ou la couture intérieure. Voici le choix qu'ont fait différentes marques de denim (même si cela peut changer d'un style à l'autre) :

- **COUTURE INTÉRIEURE EN SURPIQÛRE :** Lee, Levi's, Nudie Jeans, True Religion, Calvin Klein, Evisu.
- **COUTURES EXTÉRIEURES EN SURPIQÛRE :** Wrangler.

Point droit et point
de surjet à 3 fils

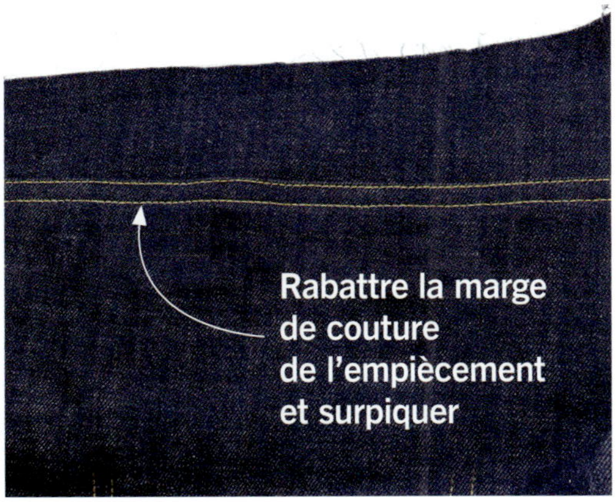

1 **Assemblez l'empiècement et le dos.** Piquez et surfilez chaque empiècement séparément avant de piquer la couture de la fourche. Pour surfiler le bord, optez pour un point de surjet à 3 fils ou un point zigzag.

2 **Surpiquez la couture de l'empiècement.** Rabattez la marge de couture vers le bas ou vers le haut avant de surpiquer deux ou trois lignes. Voir pages 124-125 pour un pas-à-pas plus détaillé sur la réalisation des surpiqûres de la fourche.

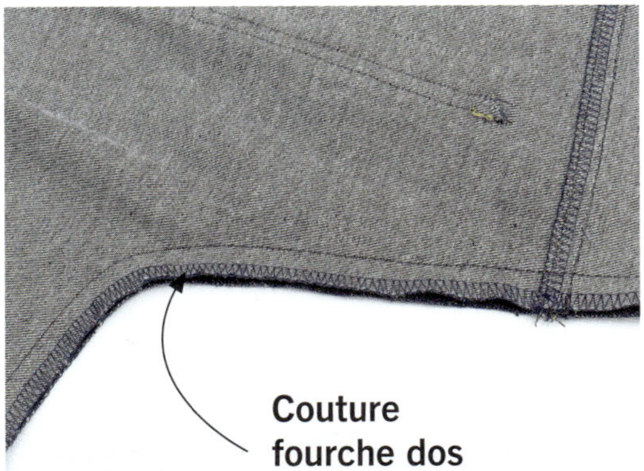

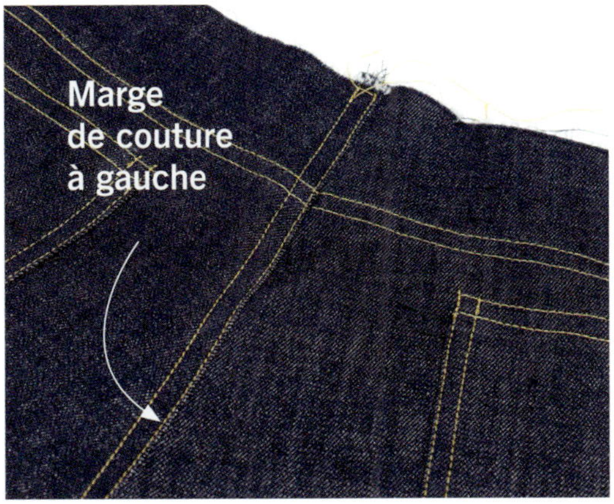

3 **Cousez la fourche.** Disposez les pièces dos endroit contre endroit, et piquez la couture de la fourche en point droit standard. Surfilez la marge si ce n'est pas déjà fait.

4 **Surpiquez la fourche.** Rabattez la marge de couture vers la gauche (endroit face à vous) et surpiquez la couture de la fourche (voir pages 125-126 pour un pas-à-pas détaillé). Vient ensuite le moment d'ajouter les poches arrière, si vous ne l'avez pas encore fait (voir pages 108 et suivantes pour savoir comment monter des poches arrière).

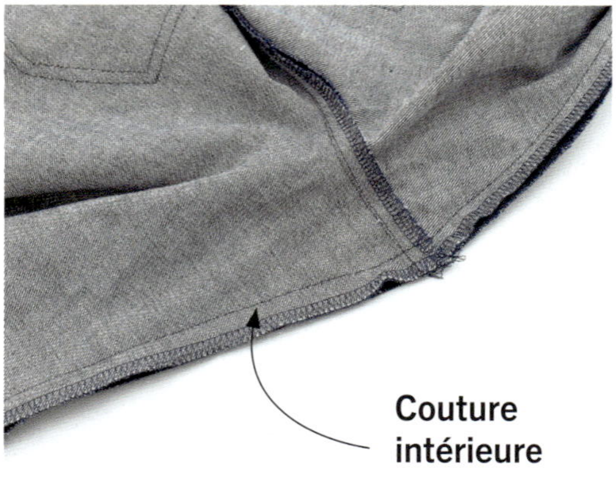

5 **Piquez la couture qui sera surpiquée.** Dans ce tutoriel, ce sera la couture intérieure, mais vous pouvez tout à fait surpiquer les coutures extérieures.

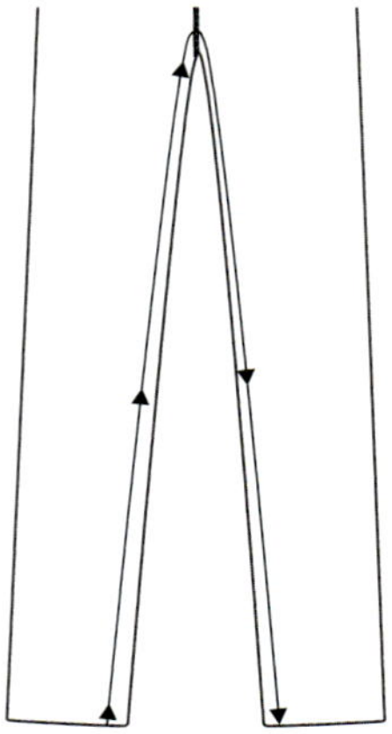

6 **Piquez la couture intérieure.** Réalisez une couture continue partant du bas d'une des jambes en passant par la fourche sans vous arrêter jusqu'au bas de l'autre jambe.

7 **Préparation pour la surpiqûre.** Rabattez la marge de couture vers le devant (c'est le sens traditionnel pour la couture interne des jeans).

8 **Surpiquez la couture intérieure.** Piquez une ou deux lignes d'un bas de jambe à l'autre. **ASTUCE :** Si l'entraînement n'est pas fluide ou que la machine saute des points, utilisez une cale pour surpiquer la fourche.

9 Résultat sur l'envers. Pour un résultat impeccable, surpiquez toujours avec du fil tout usage dans la canette parce que le fil résistant peut avoir tendance à s'emmêler.

10 Piquez les coutures latérales. Piquez les coutures extérieures en point droit.

11 Ouvrez la marge de couture au fer. Quand les coutures latérales ne sont pas surpiquées, on vient généralement ouvrir les marges de couture au fer.

12 Surpiquez la zone au niveau des poches. Rabattez la marge de couture vers le devant. Piquez par-dessus la couture latérale du devant, près de la couture, et finissez avec un point d'arrêt bien solide. Cette étape sert à consolider la zone de poche. Terminez avec une barrette de renfort en bas de la couture.

FOURCHE ET EMPIÈCEMENT EN COUTURE RABATTUE

Pour que vos jeans maison aient tout l'air d'avoir été confectionnés par des professionnels, vous pouvez piquer la fourche et l'empiècement en couture rabattue. Cette méthode permet de cacher les bords bruts et ne nécessite pas de surfilage. Son inconvénient est que la couture est plus difficile à piquer qu'une surpiqûre classique, surtout au niveau des zones courbes.

AVANT DE COMMENCER

Ce tutoriel ne montre que les étapes pour piquer l'empiècement et la fourche dos. Pour un pas-à-pas expliquant comment adapter le patron et préparer les coutures, voir *Piquer des coutures rabattues*, pages 54-61.

Si la couture de l'empiècement est rabattue vers le haut, ajoutez la marge de couture supplémentaire à l'empiècement. Pour un empiècement avec une couture rabattue vers le bas, ajoutez la marge de couture supplémentaire en haut de la pièce dos.

MATÉRIEL

- Aiguille à denim ou pour surpiquer
- Fil pour machine à coudre
- Fil épais dans l'aiguille pour les surpiqûres
- Cale
- Maillet en caoutchouc
- Mètre ruban

1 **Préparation de l'empiècement pour les surpiqûres.** Marquez et pliez la couture rabattue en suivant le pas-à-pas détaillé pages 56-58. Mesurez le rabat à différents endroits pour vérifier que sa largeur est régulière. Cette étape est particulièrement importante pour les zones courbes qui peuvent facilement se décaler.

2 **Surpiquez la ligne la plus proche du bord.** Piquez à quelques millimètres du bord pour fermer le rabat.
ASTUCE : Un pied dans la couture permettra de piquer plus facilement une ligne régulière le long du bord plié.

3 **Surpiquez la ligne intérieure.** Avec un pied à surpiqûre ou un pied standard, piquez la deuxième ligne à environ 6 mm de la première. **ASTUCE :** Généralement, le bord extérieur de la griffe du pied est à 5-6 mm de l'aiguille, vous pouvez donc l'utiliser comme guide.

4 **Pliez et repassez la couture de la fourche.** Référez-vous au pas-à-pas *Couture rabattue professionnelle*, pages 56-58, pour savoir comment faire le rabat. Sur l'endroit, vérifiez que les coutures des empiècements droit et gauche sont parfaitement alignées. Épinglez ou bâtissez pour maintenir le rabat en place.

5 **Martelez l'intersection de la fourche et de l'empiècement (facultatif).** Quand il y a des coutures rabattues, cette zone est généralement assez volumineuse, surtout avec du denim épais, et donc plus difficile à surpiquer. Vous pouvez réduire la surépaisseur en l'aplatissant avec un maillet en caoutchouc.

6 **Commencez à surpiquer la première ligne de la fourche dos.** Partez de l'empiècement et piquez le long du bord. Dès que la zone n'est plus parfaitement plane, glissez une cale sous le pied pour le garder à l'horizontale – autrement, il y a des chances pour que les points ne soient pas réguliers, voire qu'il en manque.

7 **Si besoin, glissez une cale sous la partie avant du pied.** Quand le pied commence à pointer vers le bas, glissez une cale en dessous. Déplacez progressivement la cale jusqu'à la retirer complètement une fois le pied de nouveau bien à plat sur l'ouvrage.

8 **Piquez la deuxième ligne.** Une fois au bout de la fourche, pivotez pour continuer à piquer. Étant donné l'épaisseur de la couture, il est préférable de réaliser cette étape avec un pied à surpiqûre ou un pied standard, car un pied dans la couture pourrait avoir du mal à passer au niveau de la surépaisseur de l'empiècement.

9 **Les coutures rabattues terminées.** Cette partie a été réalisée avec une machine à coudre domestique classique sans matériel particulier. Le secret, c'est d'aplatir la surépaisseur au niveau de l'intersection et d'utiliser une cale pour que le pied reste bien de niveau.

10 **Résultat sur l'envers.** Pour éviter des problèmes de tension et être sûre que le fil se déroule bien dans la canette, je l'ai remplie avec du fil tout usage. La couture rabattue est un peu irrégulière à l'intersection entre la fourche et l'empiècement – une chose difficile à éviter complètement à cause du nombre d'épaisseurs.

CEINTURE DROITE

La plupart des jeans ont une ceinture droite. Il est recommandé d'avoir deux pièces de ceinture différentes (intérieure et extérieure), car la marge de couture supplémentaire offrira plus de stabilité et de tenue à la ceinture. Vous pouvez sinon avoir une ceinture en une pièce pliée en son milieu.

MATÉRIEL

- Entoilage thermocollant
- Fil à surpiqûre pour l'aiguille
- Fil pour machine à coudre pour la canette
- Aiguilles à denim ou pour surpiquer
- Fil à bâtir ou ruban adhésif double face soluble

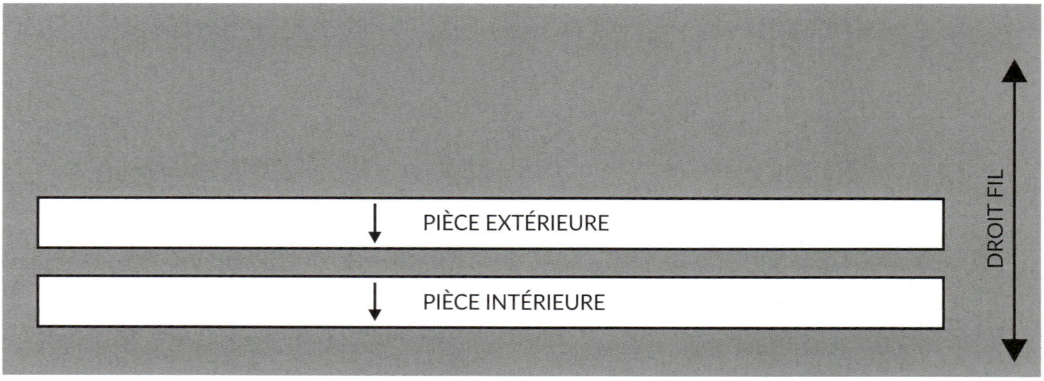

DÉCOUPE DE LA CEINTURE

Découpez la ceinture dans le sens de la trame pour plus d'extensibilité et moins de rétrécissement. Étant donné qu'une toile tissée a tendance à rétrécir davantage en longueur, même après le premier lavage, si vous coupez une ceinture dans le sens du droit-fil, elle risque de rétrécir au lavage, surtout si la toile n'a pas été prélavée plusieurs fois.

Un autre avantage à couper la ceinture dans le sens de la trame est qu'elle sera légèrement extensible et épousera donc mieux les formes du corps. Le secret, c'est de découper une ceinture légèrement plus longue et de retirer le surplus en cours de confection. Cela vous permettra d'avoir une plus grande marge de manœuvre pour effectuer les ajustements nécessaires.

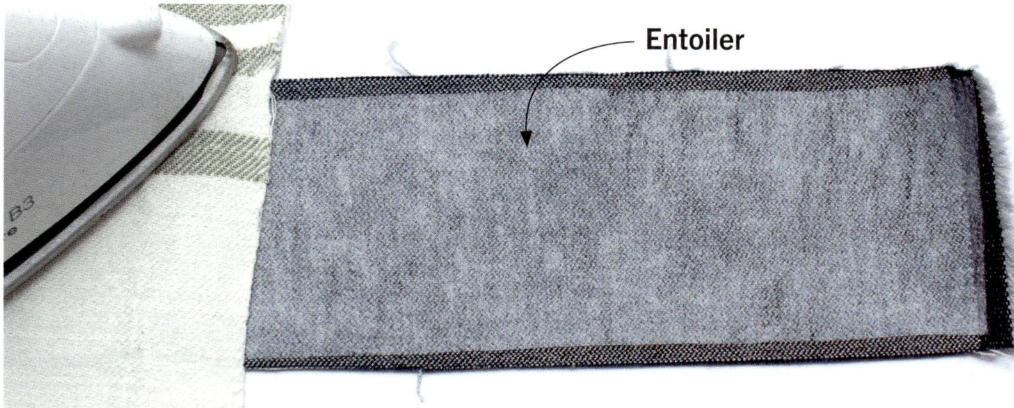

1 **Entoilez la ceinture.** Découpez une bande d'entoilage fin un peu moins large que la pièce de ceinture. Thermocollez-la en suivant les instructions du fabricant. L'entoilage n'est pas indispensable, mais il offre plus de stabilité et de maîtrise. Il peut aussi faciliter la confection de la ceinture, surtout si vous utilisez un denim stretch. Si votre denim est épais, vous pouvez vous passer d'entoilage. Pour les denims fins ou très extensibles, il est souvent mieux de poser de l'entoilage sur les pièces extérieure et intérieure.

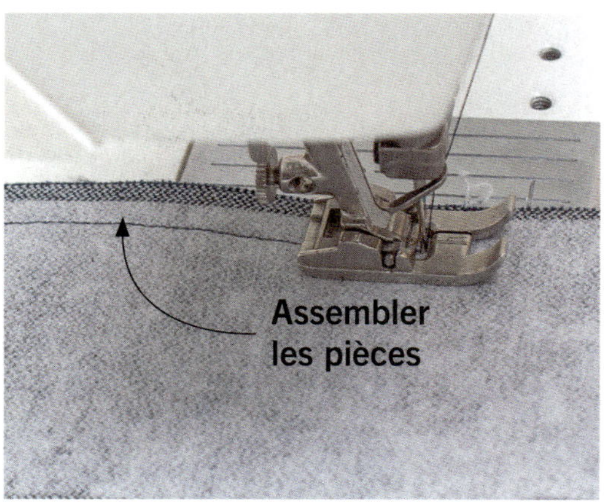

2 **Assemblez les pièces extérieure et intérieure de la ceinture.** Endroit contre endroit, envers face à vous. La marge de couture doit mesurer environ 10 mm de large.

3 **Ouvrez la couture au fer.** Commencez par ouvrir la couture au fer, puis repliez les pièces l'une sur l'autre et repassez de nouveau.

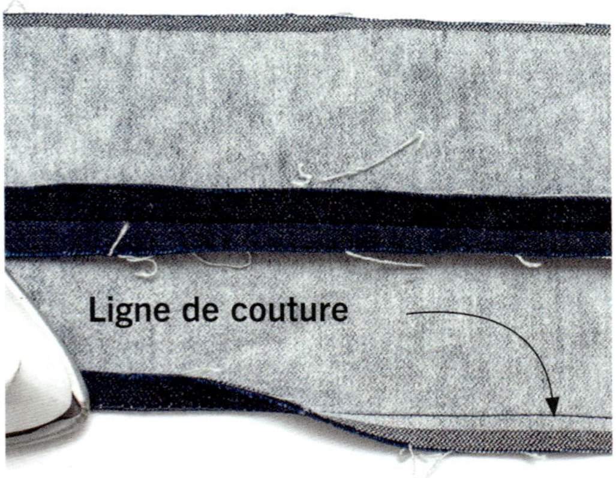

4 **Rabattez et repassez la marge de couture intérieure.** Cette étape sera plus facile à réaliser si vous piquez une ligne en point droit avant de rabattre la marge pour marquer la pliure et qu'elle vous serve de point de repère.

5 **Préparation pour coudre la pièce extérieure de la ceinture au jean.** Placez la pièce extérieure sur le jean, endroit contre endroit, envers face à vous.

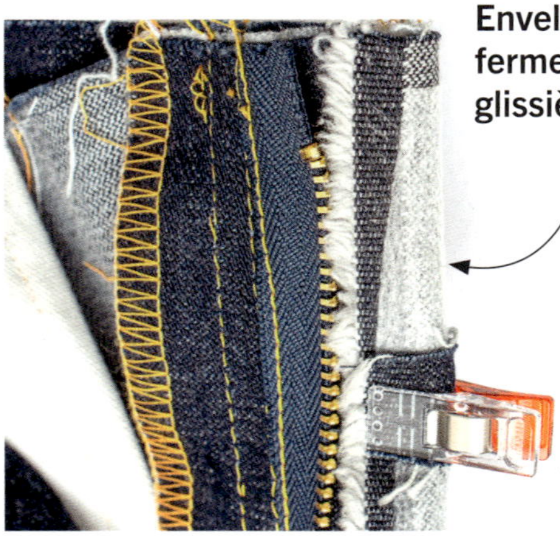

6 **Enveloppez la fermeture à glissière.** Rabattez 10-15 mm de la ceinture de façon à envelopper la fermeture à glissière. Utilisez des épingles ou des pinces pour maintenir la ceinture en place.

7 **Arrêtez-vous au niveau du sous-pont de braguette.** Pour le moment, laissez le surplus de toile tel quel, et attendez d'avoir commencé à coudre la ceinture pour envelopper le bord. Cela vous permettra d'avoir une plus grande marge de manœuvre pour faire les ajustements nécessaires.

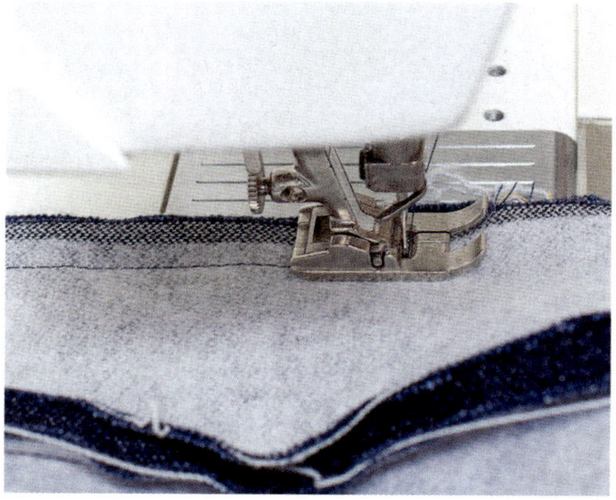

8 **Cousez la ceinture.** En partant de la fermeture à glissière, piquez à environ 10 mm du bord.

9 **Enveloppez l'extrémité du sous-pont.** Quand il ne vous reste plus que 25 mm, arrêtez-vous en gardant l'aiguille dans la toile. Repliez le surplus de toile de façon à envelopper le bord du sous-pont. Dégarnissez de façon à n'avoir que 12 mm de marge et piquez le reste de la couture. Pensez également à reconsolider la couture du haut de la ceinture pour empêcher la toile de s'effilocher après la découpe.

10 **Rabattez les marges de couture au fer.** Cette méthode permet d'obtenir des angles bien nets. La ceinture ne sera fermée qu'avec des surpiqûres sans que ses extrémités aient été cousues au préalable.

11 **Repliez la ceinture.** Vérifiez que toutes les marges de couture sont rabattues vers l'intérieur avant de passer à la surpiqûre.

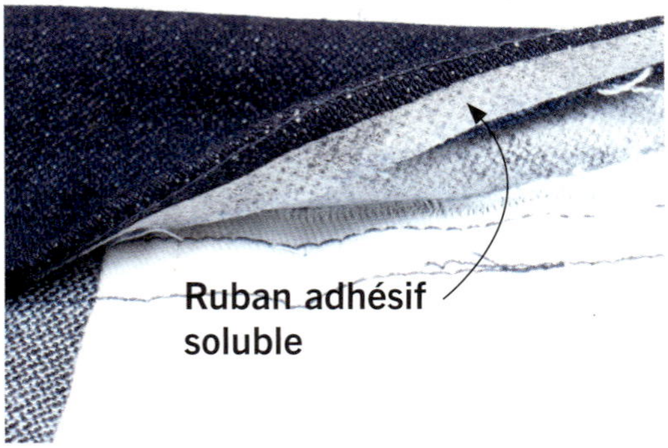

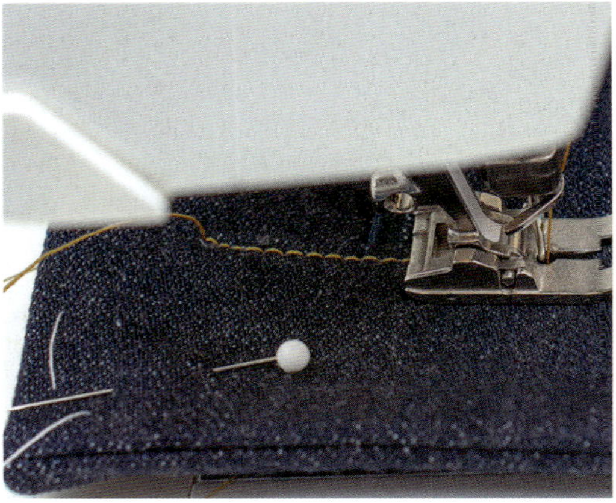

12 **Pour maintenir la ceinture en place, utilisez du ruban adhésif double face soluble ou des points de bâti.** Cette étape est facultative, mais peut éviter à la pièce intérieure de la ceinture de glisser ou d'être entraînée au moment de surpiquer.

13 **Surpiquez la ceinture.** Partez du sous-pont, juste après la zone pliée plus volumineuse de façon à ce que le pied reste bien à plat. Piquez le long du bord inférieur, en vérifiant que les points attrapent bien la pièce intérieure de la ceinture. **ASTUCE :** Placez vos doigts sous la ceinture pour guider la pliure de façon à ce qu'elle reste alignée avec la pièce au-dessus.

14 **Une fois au bord côté fermeture à glissière, pivotez.** Continuez à piquer le long de l'extrémité de la ceinture, puis du bord supérieur.

15 **Pour un entraînement fluide, utilisez une cale sous le pied.** La machine à coudre peut avoir du mal à passer sur les zones en surépaisseur, surtout quand plusieurs coutures se croisent. Glissez une cale sous le pied pour qu'il reste à l'horizontale – cela favorisera la fluidité de l'entraînement.

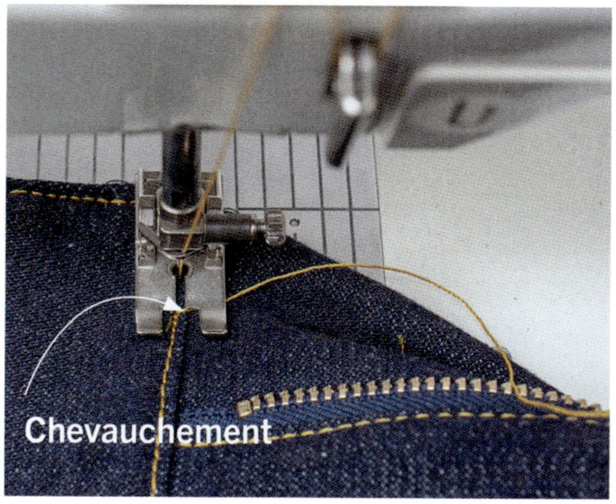

16 **Bloquez la couture.** Pour éviter d'avoir une fin de couture trop volumineuse, vous pouvez réduire la longueur de points et repasser sur la surpiqûre. Cette méthode permet de bloquer la couture sans avoir recours au point arrière.

17 **La ceinture terminée.** Avec la pratique, vous gagnerez en aisance. Il n'y a donc pas à vous inquiéter si votre première ceinture n'est pas à la hauteur de vos espérances. Après quelques essais, et en suivant les techniques et astuces de ce tutoriel, vous verrez une nette amélioration.

18 **L'intérieur de la ceinture.** Pour avoir une tension équilibrée, j'ai utilisé du fil tout usage dans la canette.
ASTUCE : Si vous avez du mal à piquer des points réguliers sur l'intérieur, remplissez la canette avec du fil bleu foncé plutôt que doré pour camoufler les irrégularités.

MONTER UNE CEINTURE EN FORME

Les ceintures en forme sont un peu plus ajustées sur le haut, et conviennent donc mieux à certaines morphologies qu'une ceinture droite. La coupe légèrement arrondie offre à ce type de ceinture une élasticité naturelle. Si votre patron n'explique pas comment dessiner une ceinture en forme, suivez le pas-à-pas pages 28-29.

MATÉRIEL

- Entoilage thermocollant
- Fil à surpiqûre pour l'aiguille
- Fil pour machine à coudre pour la canette
- Aiguilles à denim ou pour surpiquer
- Fil à bâtir ou ruban adhésif double face soluble
- Guide de couture *quilting* (facultatif)

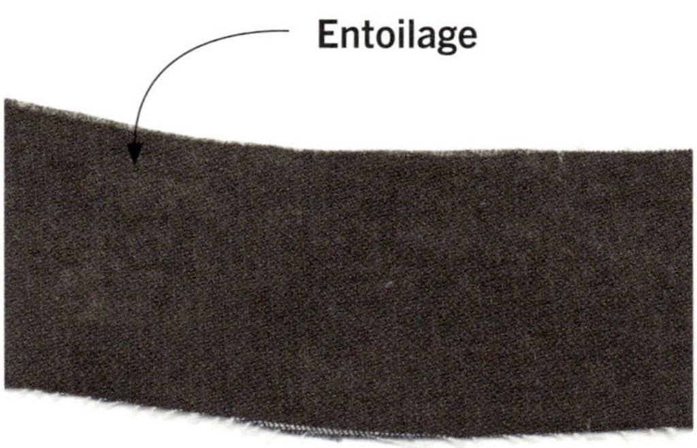

1 **Entoilez la ceinture.** Vous pouvez poser l'entoilage sur la pièce intérieure de la ceinture ou, pour une meilleure stabilité, sur les pièces intérieure et extérieure. Optez pour un entoilage thermocollant assez fin avec un peu d'élasticité – pour un confort optimal, une ceinture en forme doit être légèrement extensible.

2 **Si la ceinture se compose de plusieurs pièces, assemblez-les.** Ouvrez les coutures au fer.

3 **Assemblez les pièces extérieure et intérieure de la ceinture.** Optez pour une marge de couture assez étroite, idéalement de maximum 10-12 mm – cela facilitera le façonnage de la courbe sans avoir à cranter la marge.

4 **Repassez la couture de la ceinture.** Commencez par ouvrir la couture au fer pour l'aplatir. Repliez ensuite les pièces l'une contre l'autre, et passez de nouveau le fer pour donner sa forme à la ceinture.

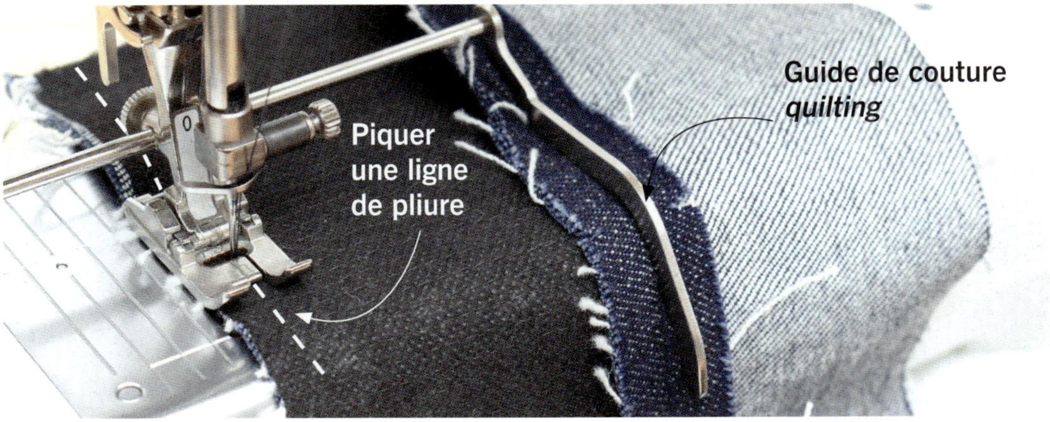

5 **Piquez une ligne de pliure sur le bord inférieur de la pièce intérieure.** Cette étape permettra de plier plus facilement la pièce intérieure au moment de surpiquer. Piquez une ligne de points droits pour marquer la pliure en gardant la même marge de couture, ou quelques millimètres de moins, de façon à ce que le bord de la pièce intérieure déborde légèrement sur l'intérieur.

ASTUCE : Utilisez un guide de couture *quilting* aligné à la couture de la ceinture pour créer une ceinture de largeur régulière. Cet accessoire s'avère très pratique quand la ceinture a des variations de largeur, un cas de figure assez courant quand on découpe un patron avec des courbes.

6 **Rabattez et repassez la marge de la pièce intérieure.** Utilisez la ligne de couture comme guide pour réaliser la pliure.

7 **Revérifiez la largeur de la ceinture.** Une fois la marge de couture rabattue et repassée, vérifiez que la ceinture est de largeur régulière. Si besoin, ajustez la largeur en pliant plus ou moins la marge.

8 **Préparation pour coudre la pièce extérieure au jean.** Placez la pièce extérieure sur le jean, endroit contre endroit, envers face à vous. Utilisez des épingles ou des pinces pour maintenir la ceinture en place.

9 **Enveloppez la fermeture à glissière et le sous-pont.** Rabattez la marge de couture sur les bords de la ceinture de façon à envelopper la fermeture à glissière et le sous-pont. Épinglez ou pincez en vérifiant que la pliure est bien en butée contre la fermeture à glissière. Voir *Ceinture droite*, page 130, pour un pas-à-pas plus détaillé.

10 **Cousez la ceinture au jean.** En partant de la fermeture à glissière, piquez le long du bord avec la marge de couture de votre choix. Piquez jusqu'à atteindre l'extrémité du sous-pont. Vérifiez que les pliures qui enveloppent les bords restent bien en butée et qu'elles ne glissent pas. Voir page 131 pour plus d'informations sur la réalisation de cette étape.

11 **Rabattez les marges de couture au fer.** La ceinture ne sera fermée qu'avec des surpiqûres. Il n'est donc pas nécessaire de coudre les extrémités de la ceinture avant de passer aux surpiqûres.

12 **Repliez la ceinture.** Vérifiez que toutes les marges de couture sont rabattues vers l'intérieur avant de passer à la surpiqûre. Repassez délicatement au fer pour bien marquer la pliure.

13 **Pour que le pli reste bien en place, utilisez du ruban adhésif double face soluble ou des points de bâti.** Cette étape est facultative, mais peut éviter à la pièce intérieure de la ceinture de glisser ou d'être entraînée au moment de surpiquer.

14 **Surpiquez la ceinture.** Partez du bord inférieur du sous-pont. Procédez selon la méthode décrite dans le pas-à-pas *Ceinture droite*, pages 132-133 (étapes 13-16).

15 **La ceinture terminée.** Les ceintures en forme sont plus complexes à coudre du fait de leur forme et de leur tendance à se détendre pendant la confection. Cependant, la méthode décrite ci-dessus permet de limiter ce genre de problèmes.

16 **L'intérieur de la ceinture.** Pour ajouter une dimension ornementale, vous pouvez utiliser un tissu différent pour la pièce intérieure de la ceinture. Vous remarquerez aussi que j'ai utilisé du fil bleu – c'est une petite astuce pour rendre les irrégularités de la surpiqûre moins visibles.

PASSANTS DE CEINTURE EN PORTEFEUILLE

Il s'agit sûrement de la méthode la plus couramment utilisée par les personnes qui cousent à la maison, surtout celles qui possèdent une surjeteuse. Les bords du passant sont surfilés puis rabattus de telle façon que la largeur finale équivaut à un tiers de la bande découpée. Pour fermer le passant, les bords sont surpiqués à la machine à coudre.

MATÉRIEL

- Machine à coudre
- Pied dans la couture (facultatif)
- Surjeteuse (facultatif)
- Gabarit de repassage (facultatif)
- Fil à surpiqûre dans l'aiguille
- Fil pour machine à coudre dans la canette
- Aiguille à denim ou pour surpiquer

1 **Coupez et surfilez la bande de denim.** La bande doit être trois fois plus large que la largeur finale souhaitée. Piquez les bords à la surjeteuse avec un point de surjet à 3 fils large, ou à la machine à coudre avec un point zigzag ou un point de surjet.

2 **Pliez et repassez le passant.** Pour rendre le pliage plus facile, utilisez un gabarit en papier de la même largeur que celle du passant une fois terminé (voir pages 148-149). Rabattez un tiers de la bande, repassez puis rabattez l'autre tiers.

3 **Préparez la machine.** Optez pour du fil à surpiqûre dans l'aiguille et du fil tout usage dans la canette. L'utilisation d'un pied dans la couture pourra vous aider à piquer droit, mais n'est pas indispensable. Commencez par piquer le côté avec la partie extérieure surfilée – cela permettra d'avoir un bord bien solide.

4 **Commencez à piquer.** Vérifiez que les points attrapent bien le bord surfilé.

5 **Piquez l'autre bord.** Terminez en surpiquant le long du côté opposé.

6 **Le passant terminé.** Le principal avantage de cette méthode est la flexibilité qu'elle offre en termes de taille, de choix de fils et d'aiguilles utilisés. En revanche, le rendu sera plus épais que des méthodes qui emploient un point de recouvrement ou une aiguille double (voir pages suivantes).

PASSANTS DE CEINTURE À L'AIGUILLE DOUBLE

Les passants de ceinture cousus à l'aiguille double sont une méthode rapide et facile entièrement réalisable à la machine à coudre. Pour un résultat impeccable, utilisez une aiguille double spéciale denim, mais gardez en tête qu'une aiguille double peut ne pas être assez robuste pour les denims épais. Sur l'envers, vous verrez apparaître un point zigzag avec des bouclettes du fil d'aiguille visibles.

Vous devrez peut-être faire quelques essais pour trouver la bonne tension pour ce point. Si une nervure se forme entre les points droits, essayez de réduire la tension du fil d'aiguille.

MATÉRIEL

- Fil à surpiqûre ou fil tout usage dans les aiguilles
- Fil tout usage dans la canette
- Aiguille double spéciale denim 100/16
- Appareil à biais ou gabarit en papier pour rabattre les passants

1 **Découpez une bande de toile.** La bande doit mesurer deux fois la largeur du passant terminé, et elle doit être aussi longue que tous les passants, avec les marges de couture en plus. Ne surfilez pas les bords – le point zigzag sur l'envers les empêchera de s'effilocher.

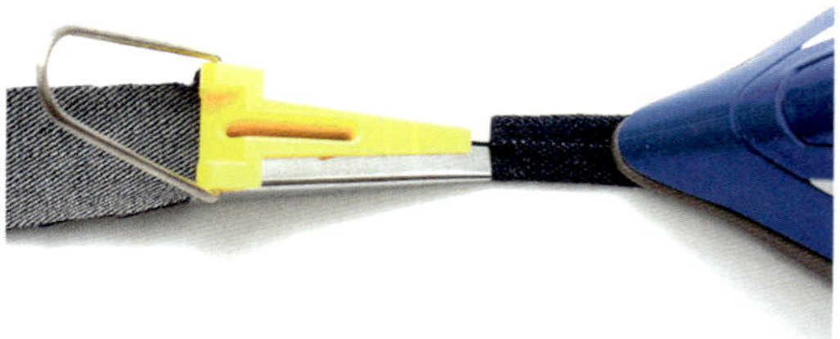

2 **Façonnez et repassez le passant de ceinture.** Façonnez le passant de ceinture à l'aide d'un appareil à biais ou d'un gabarit de repassage (voir pages 144-146).

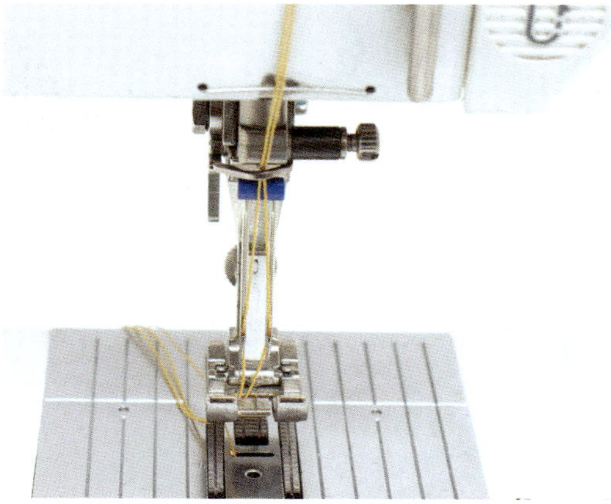

3 **Préparez la machine.** Installez l'aiguille double et vérifiez qu'elle est bien calée. Mettez deux bobines de fil d'aiguille dans la machine (ou empilez deux canettes dans le porte-bobine). Consultez la notice pour connaître les réglages recommandés par le fabricant pour une aiguille double et allongez la longueur du point selon vos préférences.

4 **Glissez le passant plié sous le pied de la machine à coudre.** Vérifiez qu'il est bien centré en vous servant du pied comme guide.

5 **Commencez à piquer.** Piquez lentement, en guidant le passant avec les mains pour que la couture reste bien centrée.

6 **Le passant terminé.** Cette méthode est l'une des façons les plus rapides de confectionner des passants de ceinture avec une machine à coudre domestique. Ne vous tracassez pas si les points zigzag sont un peu irréguliers, avec les bouclettes du fil d'aiguille visibles sur l'envers – c'est tout à fait normal.

PASSANTS DE CEINTURE EN POINT DE RECOUVREMENT

Dans l'industrie textile, les passants de ceinture sont cousus à la recouvreuse, avec un accessoire pour plier, mais vous pouvez obtenir un résultat similaire en utilisant un morceau de carton pour façonner les passants.

MATÉRIEL

- Fil tout usage pour les aiguilles (la plupart des aiguilles de recouvreuses domestiques ne sont pas compatibles avec du fil pour surpiquer)
- Fil pour surjeteuse pour le boucleur
- Point de recouvrement à 2 aiguilles
- Aiguilles 90/14
- Un morceau de carton

1 **Découpez un morceau de carton.** Il doit être de la même largeur que celle des passants une fois terminés – 12 mm est une largeur assez répandue. Idéalement, il doit être aussi long que les passants, avec les marges de couture en plus. Tracez une ligne au milieu avec un crayon.

2 **Découpez la bande du passant.** La toile doit être coupée dans le sens de la longueur. Découpez une bande deux fois plus large que la largeur finale souhaitée. Si le denim est épais, vous pouvez ajouter quelques millimètres pour compenser les plis.

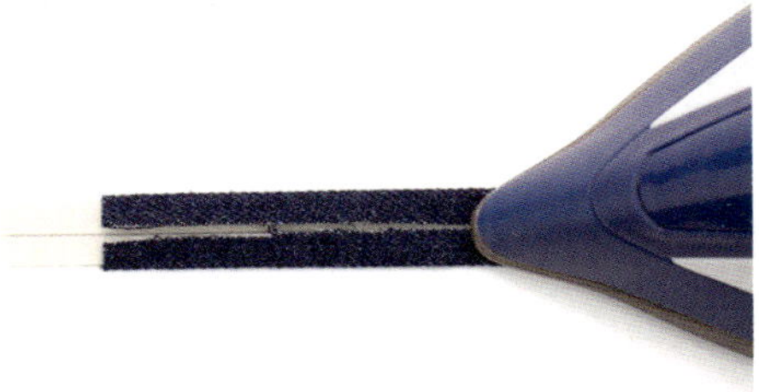

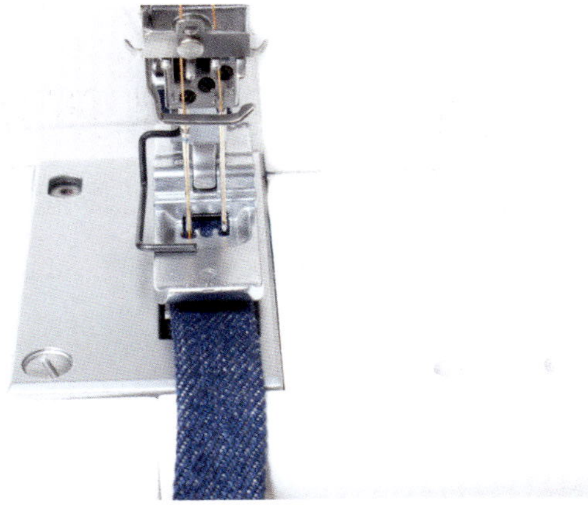

3 **Façonnez le passant.** Alignez les bords de la toile à la ligne au centre du morceau de carton de façon à l'envelopper. Repassez pour former les plis. Retirez le carton et passez de nouveau le fer.

4 **Piquez le passant de ceinture.** Les aiguilles doivent piquer le passant dès le premier point.

5 **Vérifiez que le passant est bien centré.** Utilisez les bords du pied comme guide. Vous pouvez également utiliser un guide de couture amovible ou une pièce de Lego collée avec de la Patafix ou du ruban adhésif facile à décoller.

6 **Le passant terminé.**

PASSANTS DE CEINTURE EN POINT DE RECOUVREMENT AVEC GUIDE

En utilisant un guide passant de ceinture, vous pouvez réaliser des passants de qualité professionnelle en seulement quelques minutes. Certaines marques de recouvreuses en proposent dans leur catalogue d'accessoires, mais vous pouvez aussi utiliser un guide générique et l'installer sur la machine avec du ruban adhésif.

MATÉRIEL

- Guide passant de ceinture
- Fil tout usage pour les aiguilles (les aiguilles de certaines recouvreuses domestiques ne sont pas compatibles avec du fil pour surpiquer)
- Fil pour surjeteuse pour le boucleur
- Point de recouvrement à 2 aiguilles
- Aiguilles 90/14

1 **Découpez la bande du passant.** La toile doit être coupée dans le sens du droit-fil. Découpez une bande deux fois plus large que la largeur finale souhaitée. Si le guide plie en portefeuille (et non en bord à bord), rajoutez quelques millimètres de largeur selon les indications de la notice.

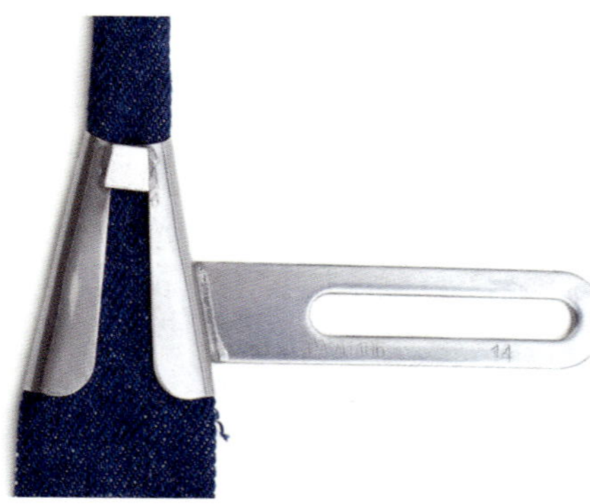

2 **Insérez la bande dans le guide.** Tirez environ 5 cm de toile pliée de façon à ce que le pied repose bien à plat pour piquer.

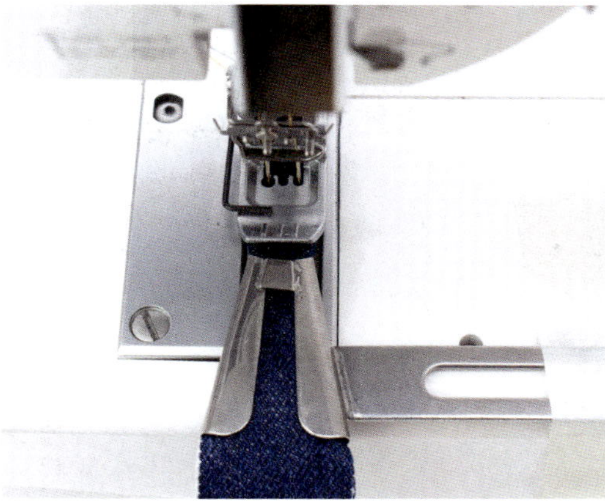

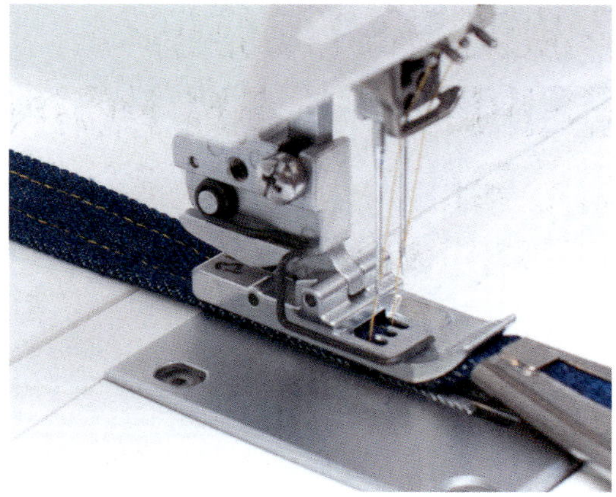

3 **Piquez la bande pliée.** Installez le guide sur la machine et glissez le passant sous le pied. Les aiguilles doivent piquer le passant dès le premier point.

4 **Vérifiez que le passant est bien centré.** Si besoin, décalez légèrement le guide.

5 **La bande terminée.** Découpez la bande en plusieurs passants de longueur égale.

PASSANTS DE CEINTURE AVEC SURPIQÛRE UNIQUE

Ce style de passant de ceinture peu commun, où tout réside dans la surpiqûre centrale, est principalement utilisé par des marques de créateurs de denim.

Bien qu'intrigante, cette méthode est en réalité assez simple. Il suffit de créer un gabarit de repassage, puis de piquer les passants avec une machine à coudre standard.

MATÉRIEL

- Fil à surpiqûre pour l'aiguille
- Fil tout usage pour la canette
- Aiguille à denim ou pour surpiquer
- Carton et crayon pour le gabarit de repassage

1 **Découpez un morceau de carton.** Le gabarit de repassage doit être de la même largeur que celle souhaitée pour le passant. Tracez une ligne à un tiers du bord avec un crayon.

2 **Découpez une bande de toile.** La bande doit être trois fois plus large que la largeur finale souhaitée pour le passant, avec 3 mm supplémentaires pour prendre en compte la pliure du bord supérieur.

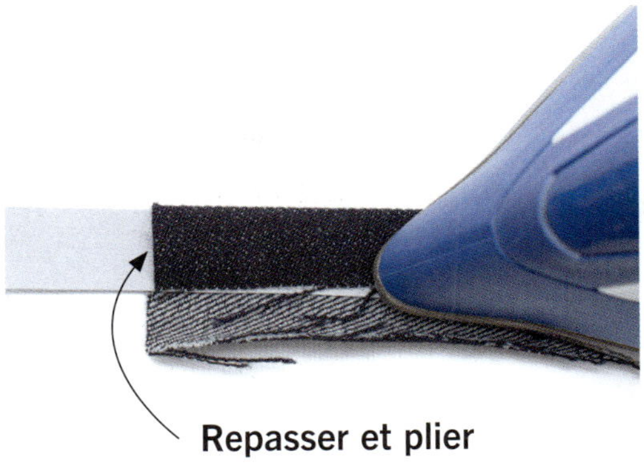

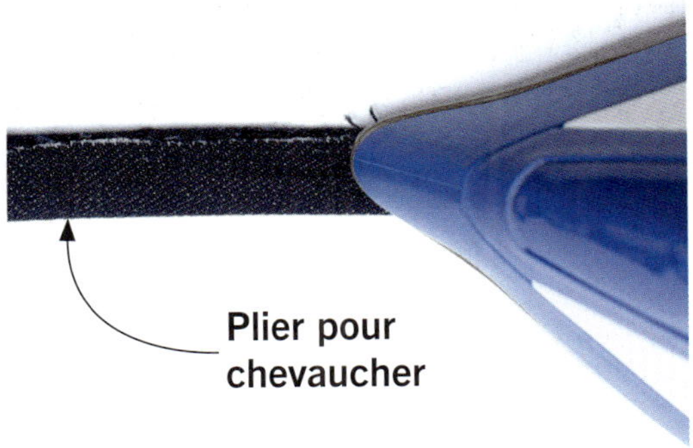

3 **Formez le premier rabat.** Placez le gabarit sur la bande, rabattez-la par-dessus de façon à ce que le bord de la toile et celui du carton soient alignés. Repassez.

4 **Rabattez l'autre côté sur le gabarit de façon à ce que les largeurs de toile se chevauchent et repassez.** Le bord brut doit être au niveau du bord du gabarit.

5 **Ouvrez le rabat et rempliez le bord brut au fer.** Le bord supérieur doit être remplié de façon à s'aligner au trait à un tiers du bord sur le gabarit.

6 **Rabattez le côté opposé (avec le bord remplié) sur le gabarit.** Le bord remplié doit légèrement mordre sur l'autre moitié du gabarit.

7 **Préparez la machine à coudre.** Optez pour du fil à surpiqûre dans l'aiguille et du fil tout usage dans la canette. Il est préférable d'utiliser une aiguille à denim ou une aiguille pour surpiquer. Insérez la bande de toile pliée de façon à ce que le côté rabattu soit contre la machine.

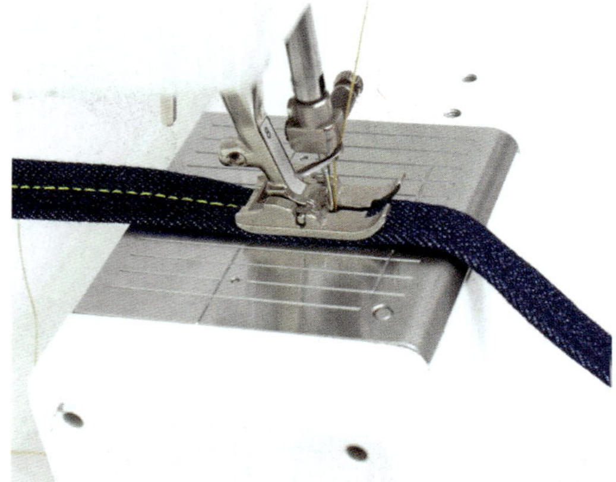

8 **Commencez à piquer.** La couture doit être piquée bien au centre du passant – utilisez les bords du pied comme guide pour vous aider. Aidez-vous de l'index ou du majeur pour maintenir le rabat sur le dessous de la bande.

9 **Le passant terminé.** Les étapes de préparation sont plus nombreuses, mais le piquage en lui-même est assez court, pour un rendu unique sans matériel ou machine particuliers.

MONTER DES PASSANTS DE CEINTURE

Cette méthode permet un montage facile et précis des passants de ceinture sans matériel particulier. Elle ressemble beaucoup à celle utilisée dans l'industrie textile.

MATÉRIEL

- Fil à surpiqûre et fil tout usage pour la canette
- Aiguille à denim ou pour surpiquer
- Une cale pour mettre le pied de niveau

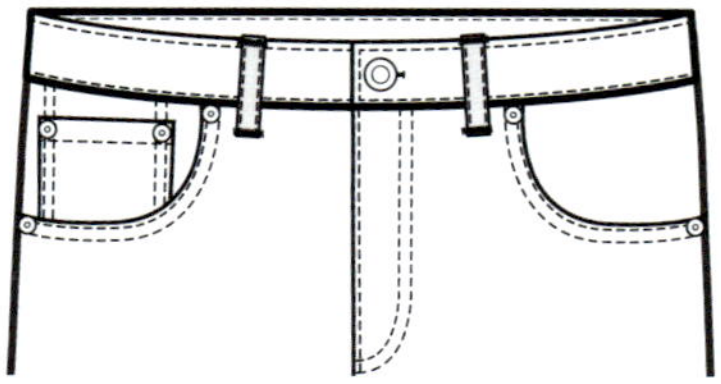

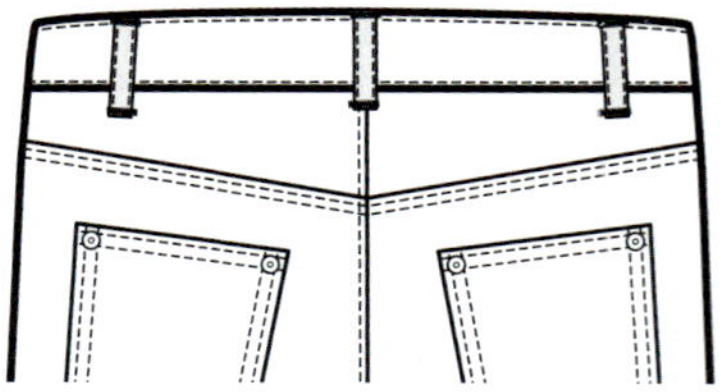

ASTUCES POUR MONTER DES PASSANTS SUR UN JEAN

- La plupart des jeans comptent cinq passants : un au milieu du dos, un de chaque côté du dos – à environ 3-5 cm des coutures latérales – et un légèrement à l'intérieur de la couture de chaque poche avant.
- Les passants peuvent être placés au bord de la partie supérieure de la ceinture ou juste en dessous. Ils finissent alors généralement de 2,5-3 cm sous le bord inférieur de la ceinture.
- Quand on monte des passants, le plus important est de penser à les faire assez longs pour accommoder vos ceintures.
- Une option pour le milieu du dos est de disposer deux passants en X.
- Si votre machine peine à piquer à travers plusieurs épaisseurs, utilisez une cale pour mettre le pied de niveau.
- Pour rendre l'entraînement plus fluide lors de la réalisation des barrettes de renfort, essayez d'allonger la longueur du point.
- Utilisez du fil à surpiqûre épais pour l'aiguille, mais du fil tout usage dans la canette pour éviter que le fil ne s'emmêle.

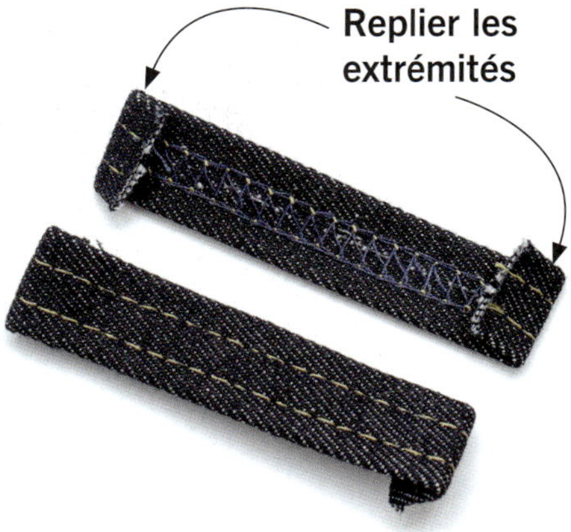

1 **Rabattez les extrémités des passants pour les repasser.** Les rabats doivent mesurer environ 10-15 mm. Marquez les plis au fer. Il n'est pas nécessaire de surfiler les bords, car il n'y a pas de risque qu'ils s'effilochent – d'autant qu'un léger effilochage fait partie de l'esthétique traditionnelle des passants de ceinture en denim.

2 **Cousez le bord supérieur du passant au jean.** Piquez une ligne de points droits dans la pliure du haut, puis quelques points arrière pour bloquer la couture.
ASTUCE : Si le passant glisse, utilisez une épingle ou un point de colle à bâtir pour le maintenir en place.

3 **Surpiquez le long du bord inférieur.** Utilisez un point zigzag serré et court. Commencez et terminez par quelques points arrière. Pour plus de solidité, faites légèrement dépasser la couture du passant.
ASTUCE : Pour un côté plus artisanal, piquez les passants avec des lignes de points droits irrégulières.

4 **Surpiquez le bord supérieur.** Utilisez de nouveau un point zigzag serré et court, et piquez à quelques millimètres de la pliure.

PASSANTS INTÉGRÉS À LA CEINTURE

Beaucoup de marques de denim choisissent d'intégrer l'une des extrémités des passants à la couture de la ceinture. Cette technique qui permet d'obtenir une finition impeccable est beaucoup plus simple à réaliser qu'il n'y paraît. Il faut juste penser à ajouter un peu de longueur, car les passants doivent être environ 25 mm plus longs que des passants standard.

MATÉRIEL

- Fil à surpiqûre
- Fil tout usage
- Aiguille à denim ou pour surpiquer
- Une cale pour mettre le pied de niveau
- Mètre ruban

1 **Cousez les passants au bord supérieur.** Cette étape est à réaliser avant de monter la ceinture. Piquez en point droit près du bord. Voir page 152 pour quelques suggestions sur le placement des passants.

2 **Montez la ceinture.** Voir le pas-à-pas *Ceinture droite* détaillé page 128. Faites attention à ce que les passants ne se mettent pas de travers au moment de les piquer. Pour qu'ils restent bien perpendiculaires, n'hésitez pas à utiliser des épingles.

3 **Utilisez une cale pour mettre le pied de niveau.** Les passants rajoutent une épaisseur, ce qui peut poser problème au moment de surpiquer, surtout au niveau de la fourche dos. Glissez une cale sous le pied pour qu'il reste bien à l'horizontale.

4 **Mesurez l'emplacement de la pliure.** Libre à vous de choisir l'emplacement de la pliure, le plus important étant de pouvoir y faire passer une ceinture – 25 mm est une bonne valeur.

5 **Piquez la pliure.** Réalisez cette étape au fil tout usage pour ne pas créer de surépaisseur. Cette couture va permettre de maintenir chaque passant en place au moment de piquer les barrettes de renfort.

6 **Après avoir monté la ceinture, rabattez et repassez le bord supérieur.** La pliure doit être alignée au bord de la ceinture. 10 mm est une bonne longueur de rabat, mais s'il est plus long, cela fonctionnera aussi parce qu'il sera toujours possible de dégarnir à la fin.

7 **Cousez le haut du passant au jean.** Référez-vous aux techniques de barrette de renfort décrites pages 62-63 et vérifiez que la couture est bien bloquée. Si l'entraînement n'est pas fluide, allongez la longueur du point.

8 **Piquez le bas du passant.** Utilisez la même technique de barrette de renfort qu'en haut.

9 **Montage du passant terminé.** Si besoin, dégarnissez l'intérieur du passant de façon à ce que la marge du rabat ne mesure pas plus de 10 mm. Cette méthode permet d'obtenir une finition élégante et elle est presque aussi rapide que la méthode standard pour monter des passants.

RIVETS

Traditionnellement, les rivets sont utilisés pour renforcer les coutures très sollicitées comme celles des zones de poche. Ils ont aussi une fonction décorative, d'où la grande variété de formes et de finitions.

MATÉRIEL

- Rivets et clous
- Une alène, une pince à percer ou n'importe quel autre outil pouvant réaliser des trous
- Un marteau, une pince, une enclume ou une pince à rivets
- Un poinçon ou un kit de pose pour une pose plus précise (facultatif, mais recommandé)

1 **Marquez l'emplacement du rivet.** Ne le placez pas trop près du bord de la couture – une fois posé, il faut assez de place pour tout le rivet.

2 **Percez un trou.** Utilisez une alène, un marteau et une pince à percer, ou une pince robuste pour percer un trou à travers toutes les épaisseurs de toile.

3 **Insérez le clou dans le trou depuis l’envers.** Enfoncez bien le clou jusqu’à ce qu’il soit en butée contre la toile.

4 **Éboutez le clou, si besoin.** Si la toile est fine, il est possible que la tige du clou soit trop longue. Si c’est le cas, raccourcissez-la à l’aide d’une pince coupante bien robuste. Cette étape doit être réalisée après avoir inséré le clou dans la toile, car son extrémité peut se déformer et s’émousser à la découpe.

5 **Posez la deuxième calotte sur la pointe du clou.** Réalisez cette étape depuis l’endroit. Vérifiez que la calotte est bien calée sur le clou.

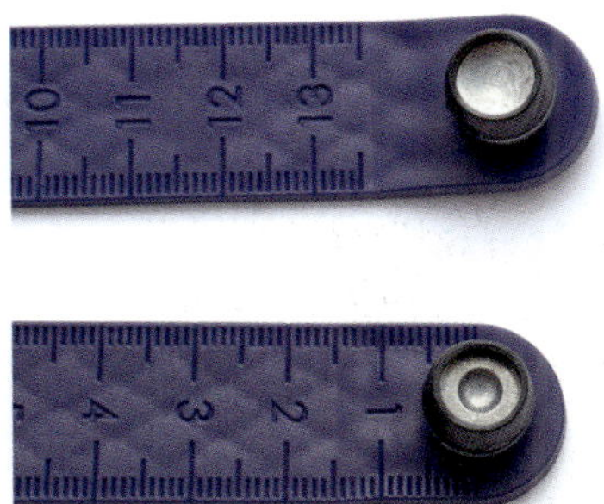

6 **Préparation des outils.** Idéalement, vous devez utiliser un jeu de poinçons ou un accessoire de pose spécialement conçus pour les rivets que vous allez choisir. La partie inférieure de l’accessoire sert à maintenir le clou en place tandis que la partie supérieure est légèrement incurvée pour protéger la calotte convexe ou concave présente sur beaucoup de rivets. Si la calotte de votre rivet est plate, vous n’aurez pas besoin d’accessoire spécial.

7 **Enfoncez le rivet.** Martelez délicatement bien au centre du rivet et bien à la verticale. Arrêtez-vous pour vérifier que c'est bien le cas avant de clipser définitivement la calotte sur son clou – surtout si vous n'utilisez pas de poinçon ou d'accessoire spécial rivets.

8 **Testez le rivet.** Attrapez le rivet du bout des doigts et essayez de le faire bouger pour vérifier qu'il est bien fixé et reste en place quand vous le manipulez. Si besoin, enfoncez davantage la calotte sur le clou.

COUDRE DES BOUTONNIÈRES

Pour réussir ses boutonnières sur du denim avec une machine à coudre standard, il faut allonger la longueur de point, utiliser du fil tout usage dans la canette, et piquer les boutonnières en mode manuel – et non automatique.

Ces quelques astuces permettent d'éviter des problèmes comme un entraînement qui manque de fluidité ou un fil qui s'emmêle.

MATÉRIEL

- Fil à surpiqûre et fil tout usage pour la canette
- Crayon pour les marquages
- Aiguilles à denim ou pour surpiquer
- Ouvre-boutonnière ou découseur
- Pied boutonnière (même si un pied standard fera très bien l'affaire)

ASTUCES POUR COUDRE DES BOUTONNIÈRES

- Allongez la longueur du point pour le point zigzag/boutonnière. Un fil épais nécessite plus de place. Si le point est trop serré, l'entraînement de la machine sera laborieux.
- Les toiles épaisses peuvent causer des problèmes d'entraînement. Allonger la longueur du point permet d'atténuer ce problème.
- N'utilisez pas le mode boutonnière automatique avec du denim. L'entraînement n'est pas aussi bon sur les tissus épais qu'un pied boutonnière classique.
- Mettez du fil à surpiqûre épais dans la bobine, mais du fil tout usage dans la canette, pour éviter que le fil ne s'emmêle.
- Pour un meilleur rendu, utilisez une aiguille spéciale surpiqûre. Elles ont un chas plus gros et sont conçues pour piquer à travers des matériaux épais.

1 **Marquez la boutonnière.** Repérez les extrémités de la boutonnière avec une craie tailleur. Pour en déterminer la longueur, mesurez le diamètre du bouton et rajoutez-y son épaisseur. Pensez également à rallonger les barrettes aux extrémités de façon à ce qu'elles soient plus longues que la largeur du pied, car cela rendra les extrémités plus faciles à mesurer au moment du piquage.

2 **Préparation de la machine.** Utilisez du fil à surpiqûre ou à boutonnière dans l'aiguille et du fil tout usage dans la canette. Installez une aiguille pour surpiquer ou une grosse aiguille à denim. Allongez la longueur de point par rapport aux réglages standard pour une boutonnière.

3 **Faites un essai sur une chute de tissu.** Commencez toujours par coudre une boutonnière d'essai pour vous faire une idée de la bonne dimension de l'ouverture et des réglages de la machine. Idéalement, il faut que l'échantillon soit entoilé pour reproduire au mieux les conditions de couture.

4 **Cousez la boutonnière.** Commencez par l'extrémité intérieure, piquez toute la boutonnière et finissez par les barrettes aux extrémités, comme pour une boutonnière standard. Si l'option figure sur votre machine, sélectionnez le mode boutonnière à œillet avec arrêt long (en photo).

5 **Ouvrez la boutonnière.** Utilisez un ouvre-boutonnière ou un découseur de bonne qualité pour ouvrir la boutonnière. L'ouvre-boutonnière a l'avantage d'être plus tranchant, ce qui s'avère utile quand il s'agit de couper du denim épais.

6 **La boutonnière terminée.** Cette méthode permet de coudre une boutonnière solide, mais facile à réaliser.

BOUTONS PLATS

Ce genre de bouton très répandu pour le denim est ce que l'on appelle un « bouton plat », en référence à sa surface plate, souvent embossée ou gravée. Aucun matériel particulier n'est nécessaire pour la pose de ces boutons – un simple marteau suffit. Les boutons plats existent en différentes finitions : laiton, cuivre, argent, et même émail.

MATÉRIEL

- Bouton spécial denim et clou
- Crayon de couture pour les marquages
- Alène pour le trou
- Marteau pour clipser le bouton

1 **Marquez l'emplacement du bouton.** Chevauchez les deux extrémités de la ceinture pour la mettre en position fermée. Avec un crayon ou une alène, marquez un point à environ 3 mm de l'extrémité de la boutonnière.

2 **Percez un trou.** Utilisez une alène pour percer un trou de façon à ce que le bouton puisse être fixé sur un clou inséré depuis l'envers.

3 **Insérez le clou.** Enfoncez le clou dans le trou depuis l'envers de la ceinture.

4 **Posez le bouton sur la pointe du clou.** Côté endroit, posez le bouton sur la pointe du clou. Vérifiez que le bouton est bien calé sur le clou.

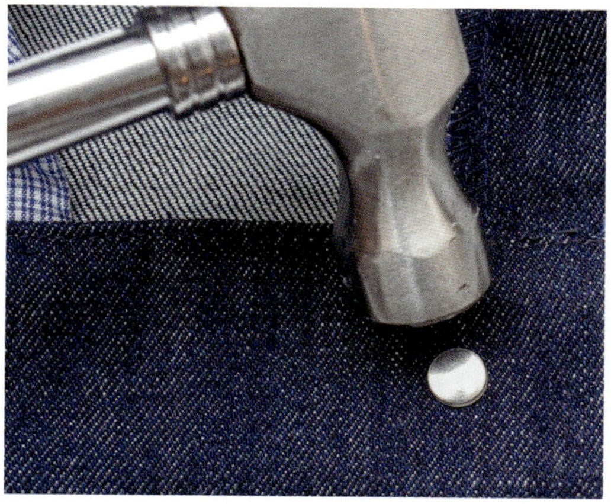

5 **Enfoncez le bouton.** Retournez l'ouvrage pour avoir l'envers face à vous, tout en tenant le bouton pour qu'il reste en place. Donnez quelques coups de marteau sur la base du clou, en veillant à bien viser au centre. Continuez à marteler jusqu'à ce que le bouton soit clipsé. Faites jouer le bouton avec les doigts pour vérifier qu'il est bien attaché. Si besoin, donnez quelques coups de marteau en plus.

6 **Le bouton posé.** Ce style de bouton est ce que l'on appelle un « bouton plat ». Le motif de couronne embossé est utilisé sur les boutons de jean depuis le début du XXe siècle.

BOUTONS CREUX

Cela fait plus d'un siècle que ces boutons creux font partie du paysage denim, à tel point que beaucoup les considèrent comme *le* bouton de jean authentique.

La pose de ce bouton consiste à clipser le dessus sur un clou. On peut le faire à la main, avec une alène, comme c'est le cas dans ce pas-à-pas. Cependant, le rendu sera meilleur avec une presse manuelle, qui a aussi pour fonction de lisser l'extrémité du clou, et donc de créer un arrondi impeccable.

MATÉRIEL

- Bouton creux et clou
- Une alène ou une pince à percer pour les trous
- Un marteau, une pince, une alène, ou une pince à rivets
- Un jeu de poinçons ou un kit de pose pour une pose plus précise (facultatif)

1 **Marquez l'emplacement du bouton.** Chevauchez les deux extrémités de la ceinture. Avec un crayon ou une alène, marquez un point très près de l'extrémité extérieure de la boutonnière.

2 **Percez un trou à l'aide d'une alène ou d'un outil pour réaliser des trous.** Le trou doit juste être assez large pour y insérer le clou.

3 **Insérez le clou.** Enfoncez le clou dans le trou depuis l'envers de la ceinture.

4 **Posez le bouton sur la pointe du clou.** Côté endroit, posez le bouton sur la pointe du clou.

5 **Martelez le clou.** Mettez la ceinture sur une surface solide, bouton face à vous. Martelez le clou avec une alène, en veillant à bien viser au centre. Arrêtez-vous tous les quelques coups pour vérifier. Continuez de marteler jusqu'à ce que la pointe du clou soit plate, et que le bouton soit clipsé – c'est une étape qui peut prendre un peu de temps lorsqu'elle est réalisée à la main.

6 **Le bouton posé.** Si vous utilisez un marteau et une alène, vous aurez du mal à obtenir un dessus parfaitement lisse. Une pince permet généralement d'obtenir un rendu plus rapide et plus propre, mais avec un peu de pratique, la méthode proposée ici fera très bien l'affaire.

OURLET EN POINT DROIT

Il est très facile de réaliser des ourlets sur un jean avec une machine à coudre domestique. La clef, c'est d'utiliser du fil tout usage dans la canette et une cale pour passer sur les coutures latérales volumineuses.

Le seul désavantage à la réalisation de points droits plutôt que des points de chaînette est que l'on n'obtient pas l'effet de cordage présent sur beaucoup de jeans industriels.

MATÉRIEL

- Fil à surpiqûre pour l'aiguille
- Fil tout usage pour la canette
- Aiguilles à denim ou pour surpiquer
- Cale pour mettre le pied de niveau

PRÉPARATION

Pour réduire les surépaisseurs, vous pouvez laisser les bords bruts, ou les surfiler avec un point de surjet ou zigzag avant de réaliser l'ourlet. Avant de coudre votre jean, testez toujours vos réglages sur une chute de denim. Essayez différents réglages pour la tension de l'aiguille et la longueur de point afin d'obtenir une couture équilibrée.

Si vous n'arrivez pas à trouver la bonne tension, essayez de modifier la tension de la canette. N'oubliez pas de noter sa tension originale, ou utilisez une autre canette réservée pour les surpiqûres.

1 **Pliez et repassez l'ourlet.** Un ourlet de jean mesure généralement environ 13-15 mm.

2 **Pliez et repassez de nouveau.** Pour réaliser le second tour, inutile de mesurer, le bord de la toile peut vous servir de guide.

3 **Préparation de la machine.** Utilisez du fil à surpiqûre dans l'aiguille et du fil tout usage dans le boucleur. Installez une aiguille à denim ou pour surpiquer, et vérifiez qu'elle est bien calée.

4 **Piquez en partant de la couture intérieure de la jambe.** Vous n'avez pas besoin de commencer par des points arrière et pouvez directement piquer le long de l'ourlet.

5 **Piquez près du bord supérieur.** Placez votre index dans l'ouverture de la jambe, en haut de l'ourlet, pour venir pincer avec le pouce. Cela vous permettra de piquer plus facilement près du bord.

6 **Utilisez une cale pour piquer au niveau des coutures latérales.** Glissez la cale sous le pied pour le mettre de niveau. De cette façon, l'entraînement de la toile sera fluide et vous ne sauterez pas de points.

7 **Bloquez la couture.** Réalisez quelques points arrière ou allongez la longueur du point pour coudre le point d'arrêt avant de couper les fils. Vous pouvez aussi piquer le point d'arrêt à la main en suivant la méthode détaillée page 174.

8 **L'ourlet terminé.** Vous pouvez aussi utiliser un fil bleu foncé dans la canette pour camoufler les irrégularités à l'intérieur de l'ourlet.

OURLET EN POINT DE CHAÎNETTE

Dans l'industrie textile, les ourlets de jean en point de chaînette sont traditionnellement réalisés à la piqueuse. Au fil du temps, la couture forme une vague subtile – l'effet de cordage emblématique des jeans authentiques.

Vous pouvez obtenir un rendu similaire avec une recouvreuse domestique, en utilisant le point de chaînette à 1 aiguille. L'inconvénient de cette méthode est que le point de chaînette est plus susceptible de se défaire, il faut donc veiller à ce que la couture soit bien bloquée.

MATÉRIEL

- Fil tout usage pour les aiguilles (certaines recouvreuses domestiques ne sont pas compatibles avec du fil à surpiqûre)
- Fil à surjeteuse, fil tout usage ou fil laineux en polyester pour le boucleur
- Mode point de chaînette à 1 aiguille
- Aiguille 90/14

PRÉPARATION

Assemblez les coutures latérales. Ne surfilez pas le bord de la toile – laissez-le brut. Cela limitera les surépaisseurs, d'autant qu'une fois l'ourlet piqué, il ne risque plus de s'effilocher.

Avant de coudre votre jean, testez toujours vos réglages sur une chute de denim. Lorsque vous prévoyez de piquer du denim à la recouvreuse, essayez différents réglages pour la tension, réduisez l'entraînement différentiel, et ajustez la pression du pied.

1 **Pliez et repassez l'ourlet.** Un ourlet de jean mesure généralement environ 13-15 mm.

2 **Pliez et repassez de nouveau.** Pour réaliser le second tour, inutile de mesurer, le bord de la toile peut vous servir de guide.

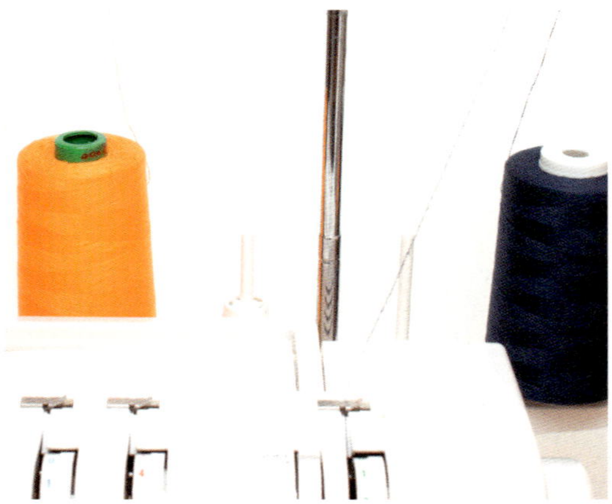

3 **Préparation de la machine.** Utilisez du fil à coudre dans l'aiguille et du fil à surjeteuse ou tout usage dans le boucleur. Sur la photo, le fil à gauche est du fil tout usage vendu en cône. Utilisez une aiguille 90/14 et réglez votre machine en mode point de chaînette à 1 aiguille.

4 **Commencez à piquer juste après la couture intérieure.** Comme les recouvreuses gèrent mal les surépaisseurs, il vaut mieux éviter de commencer sur une couture.

5 **Piquez près du bord supérieur de l'ourlet.** Veillez à ce que l'entraînement soit fluide – ne tirez pas sur la toile.

6 **Utilisez une cale pour passer sur les coutures latérales.** Glissez la cale sous le pied pour le mettre de niveau. De cette façon, l'entraînement de la toile sera fluide et vous ne sauterez pas de points.

7 **Bloquez la couture.** Chevauchez les points sur quelques millimètres.

8 **Dégagez le vêtement de la machine.** Libérez les fils, pincez la fin de la couture avec les doigts et dégagez délicatement votre jean de la machine.

9 **Préparation du point d'arrêt.** Utilisez une aiguille à coudre pour faire passer le fil d'aiguille sur l'envers. Coupez le fil de départ – il n'a pas besoin de point d'arrêt.

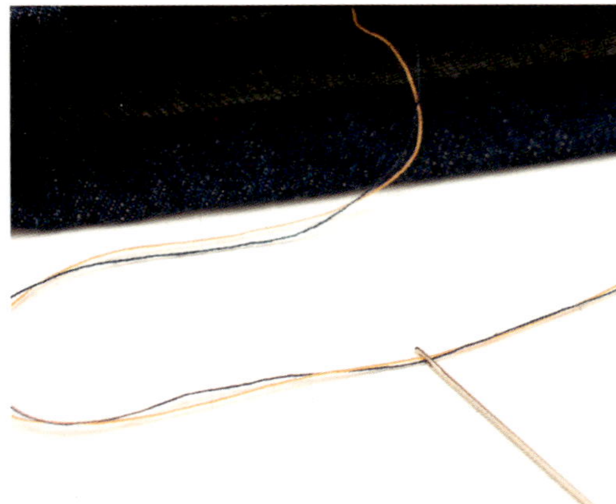

10 **Enfilez le fil du boucleur.** Une fois l'aiguille côté envers, enfilez le fil de fin du boucleur dans le chas de façon à avoir les deux fils sur l'aiguille.

11 **Bloquez les fils.** Nouez les fils en vous servant de l'aiguille, puis bloquez le nœud en le cousant à la toile. Coupez le surplus de fil.

12 **L'ourlet terminé.** Comme vous pouvez le voir, une légère vague est déjà présente à l'intérieur de la jambe. C'est la marque de fabrique des ourlets de jean réalisés au point de chaînette, dont l'effet va s'accentuer avec le temps.

OURLET EN TRIPLE POINT DROIT

Le triple point droit – aussi appelé « point droit renforcé » – est un point solide qui se pique en séquence de : 2 points droits en avant, 1 point droit en arrière. Contrairement au point droit classique, cette version renforcée est extensible, ce qui en fait un très bon choix pour piquer un petit ourlet sur un jean skinny en denim stretch.

Grâce à l'épaisseur obtenue avec la progression en aller-retour, il n'est pas nécessaire d'utiliser un fil à surpiqûre épais ; il est même mieux d'opter pour du fil tout usage. Il est présent sur la plupart des machines à coudre domestiques modernes.

MATÉRIEL

- Fil tout usage
- Aiguille à denim ou pour surpiquer

Le triple point droit est généralement symbolisé par trois lignes pointillées parallèles. Consultez la notice d'utilisation pour connaître les recommandations de réglages pour la longueur de point et la tension.

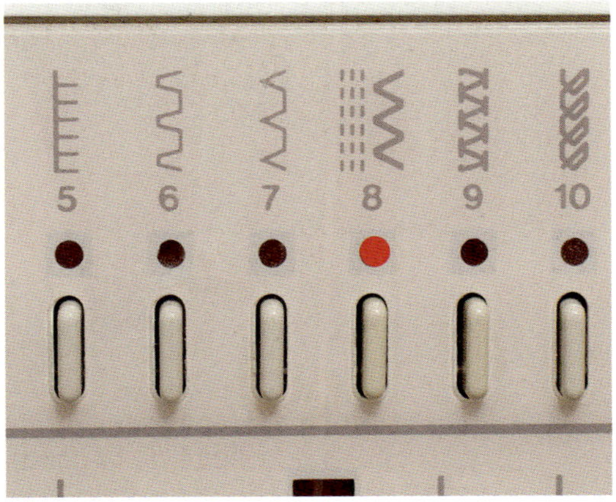

1 **Préparation de la machine.** Utilisez du fil tout usage pour l'aiguille et la canette. Certaines marques de machine recommandent aussi de piquer ce point avec un pied non standard. Vous pouvez faire des essais en allongeant la longueur de point pour lui donner un côté surpiqûre traditionnelle encore plus affirmé.

2 **Commencez à piquer.** Ce point est lent à piquer à cause de la progression en aller-retour. Il vous faudra donc résister à l'envie d'aller trop vite et de tirer la toile, au risque de déformer la couture. Pour bloquer la couture, faites se chevaucher les points sur quelques millimètres. Il n'est généralement pas utile de passer en point arrière pour terminer ce point puisqu'il comprend déjà un point droit en arrière.

3 **L'ourlet terminé.** L'épaisseur, l'élasticité et la solidité de la couture en font un point de choix pour les jeans stretch, surtout si vous n'avez pas de recouvreuse et ne pouvez pas piquer en point de chaînette.

4 **L'ourlet sur l'envers.** La couture n'est pas aussi propre sur l'envers, mais ressemble à l'envers d'un ourlet en point de chaînette, ce qui peut en faire un choix intéressant pour les ourlets auxquels on fait un tour.

CHAPITRE 6

TECHNIQUES DE FINITION

TROUS EFFILOCHÉS

Cette technique consiste à faire des trous qui tiennent par le fil de trame blanc. On en fait généralement au niveau des genoux et des cuisses, mais n'importe quelle partie d'un jean, y compris les poches et les ourlets, peut être trouée de cette façon.

1 **Découpez la zone à trouer.** Utilisez une paire de ciseaux pour réaliser deux fentes parallèles, de la longueur de votre choix, dans la toile.

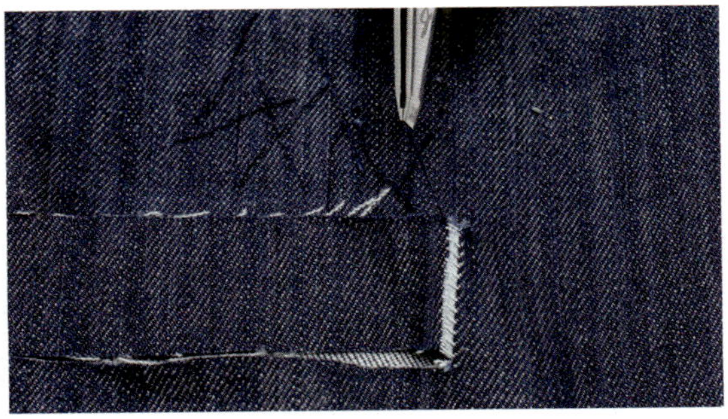

2 **Retirez les fils de chaîne.** Utilisez une pince à épiler pour retirer les fils de chaîne bleus à la verticale entre les deux fentes. Commencez par un angle. Les premiers fils peuvent être un peu difficiles à retirer, mais en procédant dans l'ordre, ils devraient se détacher plus facilement au fur et à mesure.

3 **Retravaillez les bords.** Glissez une aiguille entre les fils de trame blancs pour en détendre ou en casser certains. Vous pouvez laisser les fils blancs pendre ou les tailler pour un rendu un peu plus uniforme.

4 **Limez les bords avec une râpe.** Une autre option consiste à frotter les bords de la toile avec le côté rêche d'une râpe pour donner au trou un côté usure naturelle.

TROUS BÉANTS

Si vous souhaitez créer de gros trous dans vos jeans, cette méthode est faite pour vous. Vous pouvez laisser les trous tels quels ou bien coudre un insert de tissu contrastant pour un côté rapiécé.

1 **Découpez un trou.** Vous pouvez couper droit ou de travers, selon le rendu que vous souhaitez obtenir pour ce trou.

2 **Usez les bords.** Utilisez une aiguille pour retirer du fil de chaîne sur les bords verticaux et du fil de trame sur les bords horizontaux. Il est courant de laisser quelques fils de trame blancs pendre, mais de bien retirer les fils de chaîne bleus.

3 **Limez (facultatif).** Pour user encore plus les bords, frottez-les avec une râpe.

4 **Le trou terminé.** Pour un côté vraiment très usé, retirez plusieurs rangées de fil, ou découpez la toile de façon irrégulière.

OURLET EFFILOCHÉ

Si vous ne faites pas d'ourlets à votre jean, les bas de jambes finiront par s'effilocher. Si vous souhaitez accélérer ce processus ou avez envie de donner un côté plus usé à votre jean à ourlet, le pas-à-pas qui suit vous explique comment créer un jean tendance en quelques minutes seulement.

1 **Coupez la jambe.** N'oubliez pas qu'en s'effilochant, le jean va raccourcir.

2 **Retirez du fil de trame blanc.** Faufilez l'aiguille entre les fils de trame pour les détendre. Continuez de tirer sur les fils de trame jusqu'à obtenir un résultat qui vous convient.

3 **L'ourlet terminé.** Vous pouvez laisser les fils blancs pendre ou les tailler pour un rendu plus uniforme. **ASTUCE :** Piquez une fine couture en point droit près du bord pour empêcher le jean de continuer à s'effilocher.

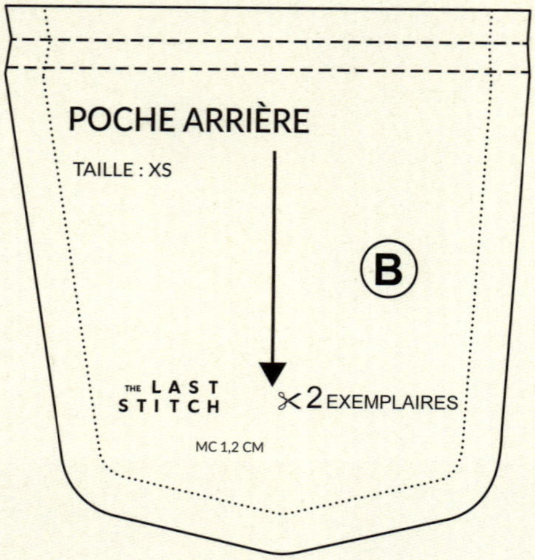
POCHE ARRIÈRE
TAILLE : XS
B
THE LAST STITCH
2 EXEMPLAIRES
MC 1,2 CM

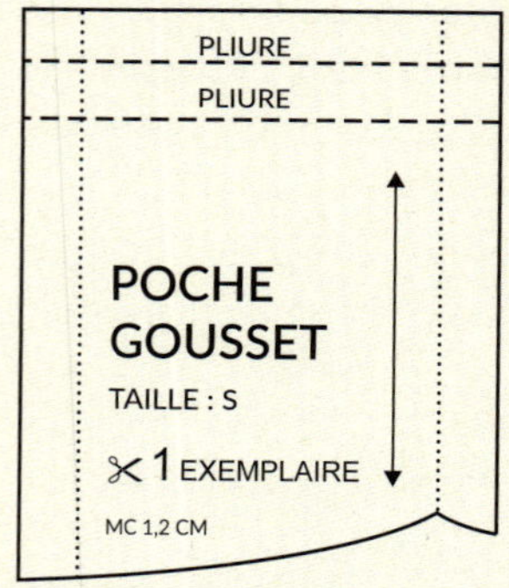
PLIURE
PLIURE
POCHE GOUSSET
TAILLE : S
1 EXEMPLAIRE
MC 1,2 CM

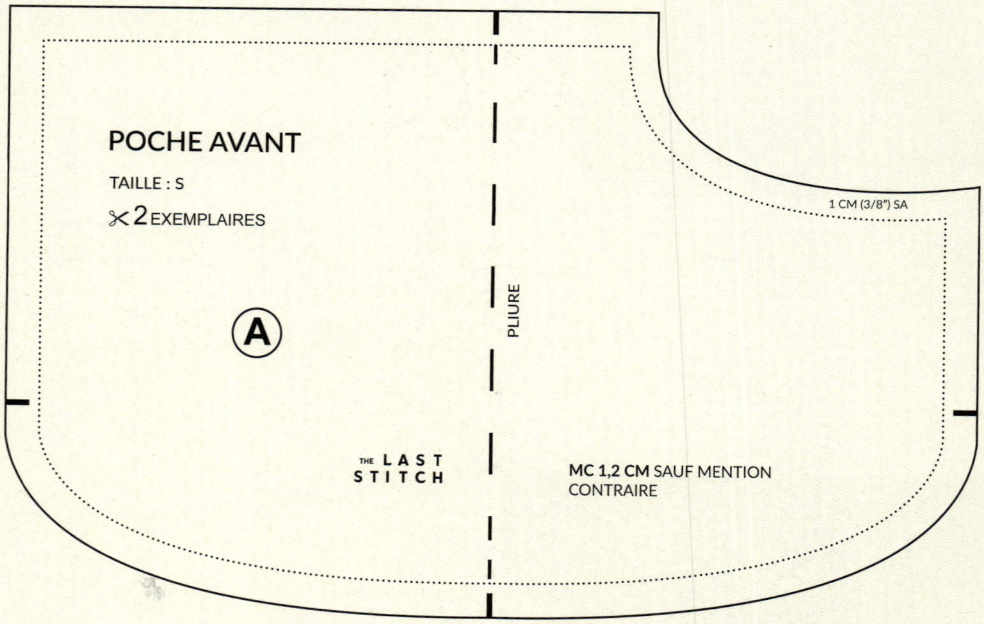
POCHE AVANT
TAILLE : S
2 EXEMPLAIRES
A
PLIURE
1 CM (3/8") SA
THE LAST STITCH
MC 1,2 CM SAUF MENTION CONTRAIRE

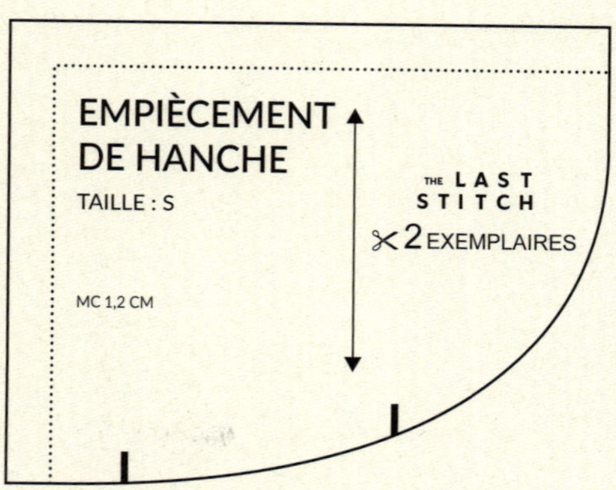
EMPIÈCEMENT DE HANCHE
TAILLE : S
THE LAST STITCH
2 EXEMPLAIRES
MC 1,2 CM

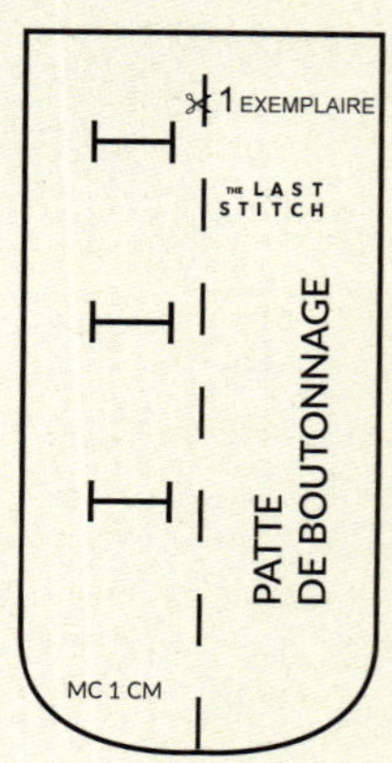
1 EXEMPLAIRE
THE LAST STITCH
PATTE DE BOUTONNAGE
MC 1 CM

CHAPITRE 7

KIT

TÉLÉCHARGER LE KIT DE PATRONS

En guise de bonus, vous pouvez télécharger gratuitement un kit pour accéder aux pièces de patron et gabarits qui vous aideront à parfaire votre technique !

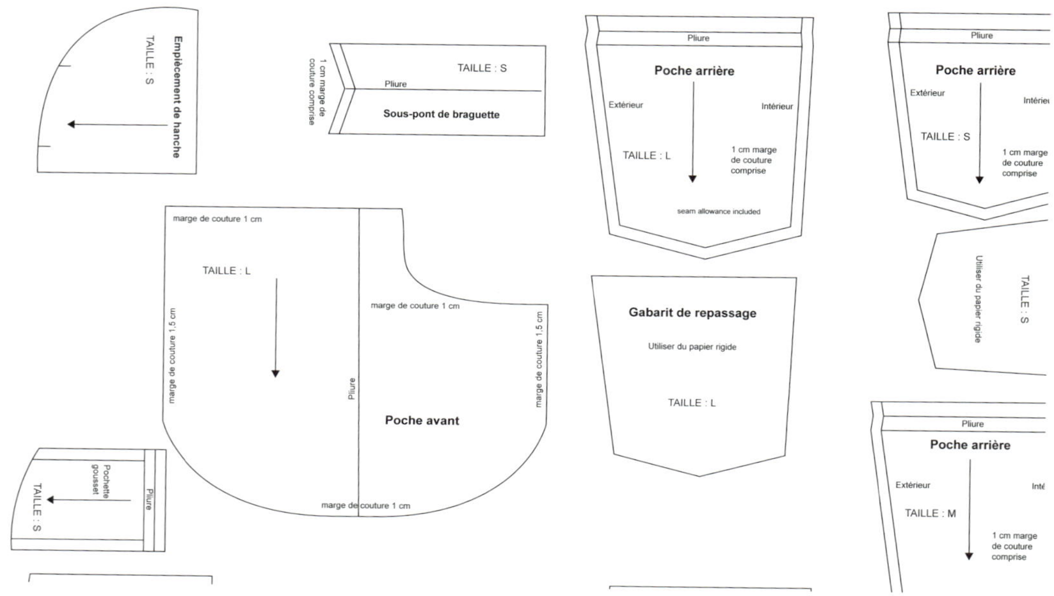

thelaststitch.com/jeansbookdownload

LE KIT CONTIENT

- Les pièces de patron de poche avant
- Les pièces de patron de poche arrière
- Les gabarits de repassage et surpiqûre
- Les pièces de patron de la braguette à fermeture à glissière
- Les pièces de patron de la braguette à boutons
- Les modèles d'*arcuate* pour les poches arrière

TÉLÉCHARGER LE KIT

thelaststitch.com/jeansbookdownload

POCHES ARRIÈRE

Le PDF du kit comprend cinq styles de poche arrière.

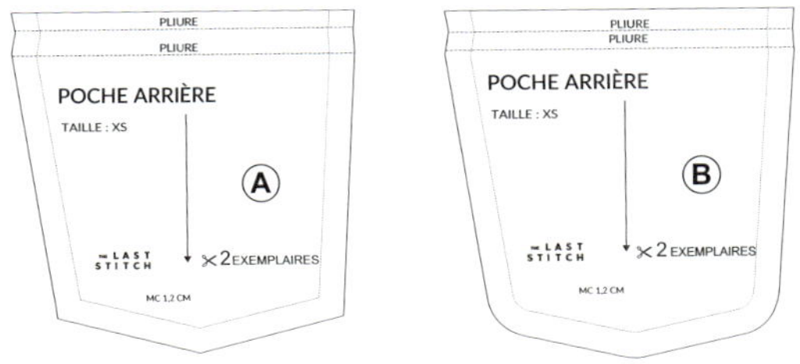

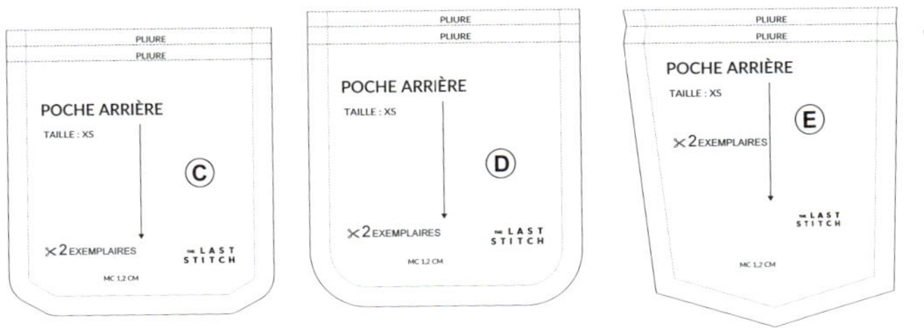

PLACER DES POCHES ASYMÉTRIQUES

Les styles de poche A, B et E ont des côtés asymétriques – les bords verticaux ont une inclinaison légèrement différente. C'est une asymétrie que l'on retrouve souvent dans l'industrie textile, et une façon de créer une illusion d'optique.

En général, le côté incliné est placé près de la couture de la fourche, mais faites des essais pour voir le placement qui vous convient le mieux.

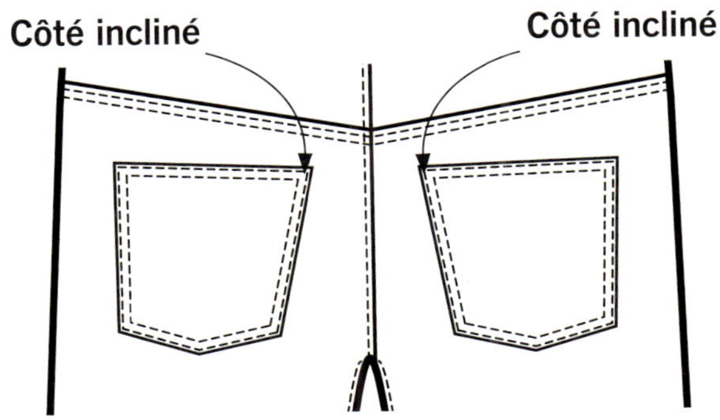

UTILISER UN GABARIT DE REPASSAGE

Toutes les tailles et versions des patrons de poche arrière s'accompagnent d'un gabarit de repassage (exemple d'utilisation page 109). Reportez le gabarit de repassage sur du carton et rabattez les marges de couture par-dessus au fer.

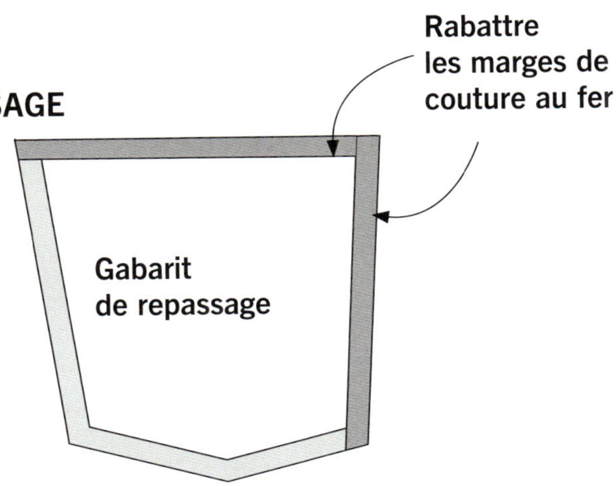

POCHES AVANT

Le kit propose trois versions de fond de poche, et des patrons pour l'empiècement de hanche et la poche gousset.

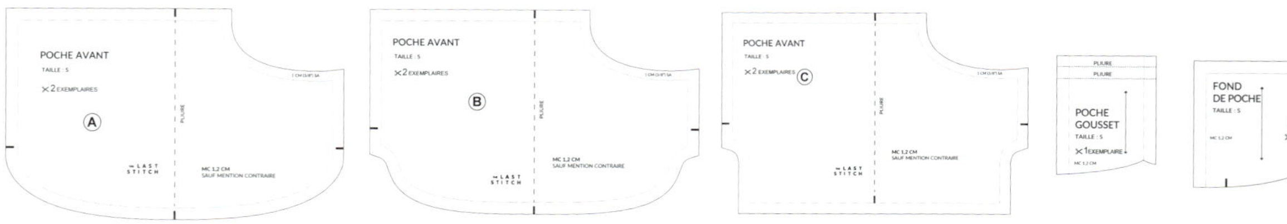

AJUSTER LA MARGE DE COUTURE

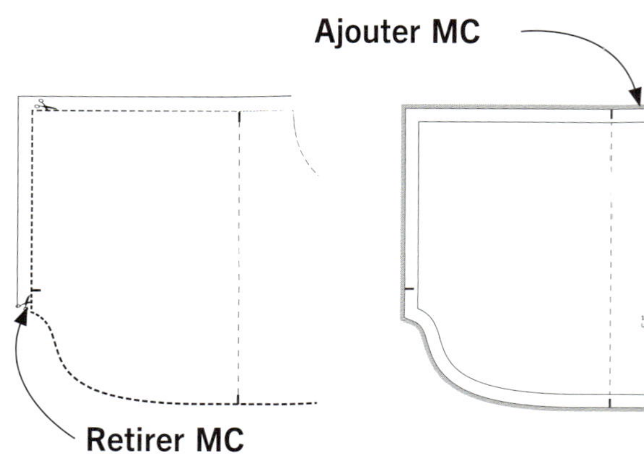

Les marges de couture ajoutées sur les bords extérieurs et supérieurs de la poche avant mesurent 12 mm. Si votre patron de jean prévoit une autre marge de couture, ajoutez ou retirez cette mesure à la poche avant et à l'empiècement de hanche. **REMARQUE :** Étant donné que vous utilisez des pièces du kit, vous n'avez pas besoin de modifier les marges de couture de l'ouverture de poche.

Si vous utilisez un patron sans marges de couture et souhaitez faire de même pour la poche avant, il vous suffit de retirer les marges de couture comme cela est montré sur le patron.

AJUSTER LA FORME DE LA POCHE

Si le patron de jean que vous utilisez requiert des coutures courbes, vous aurez peut-être besoin d'ajuster la pièce de patron de la poche avant.

Utiliser le patron de fond de poche inclus :

1. Pliez le fond de poche du kit en deux.
2. Superposez le fond de poche inclus avec le fond de poche du kit plié. Alignez les bords.
3. Ajustez les bords des coutures latérales et ceux côté ceinture, en retirant ou ajoutant de la matière au besoin.

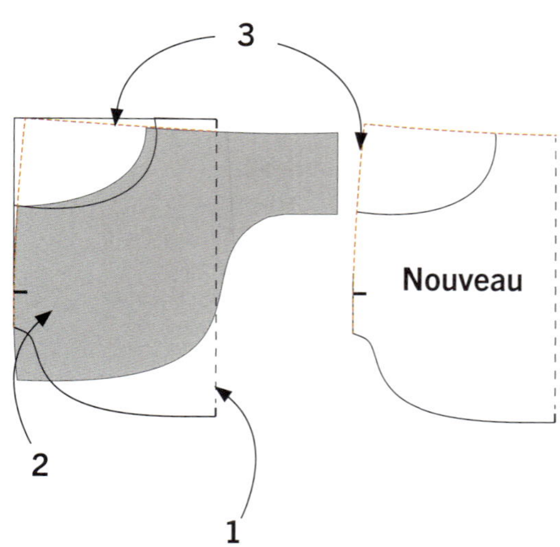

Utiliser la pièce de patron pour façonner le fond de poche

Si vos patrons n'incluent pas d'ouverture de poche et de fond de poche dessinés, utilisez la méthode qui suit :

1. Placez le patron sur le devant.
2. Pliez-le en deux.
3. Retaillez les bords en suivant la forme du patron, en retirant ou ajoutant de la matière.

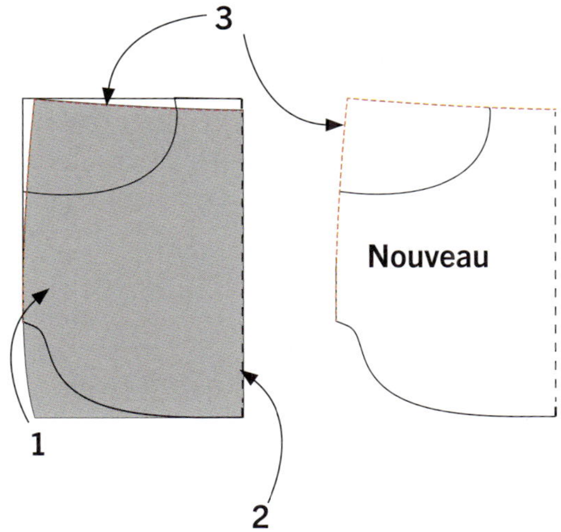

AJUSTER L'EMPIÈCEMENT DE HANCHE

Superposez l'empiècement de hanche du kit et l'empiècement de hanche du patron et retaillez les zones qui en ont besoin en ajoutant ou retirant de la matière.

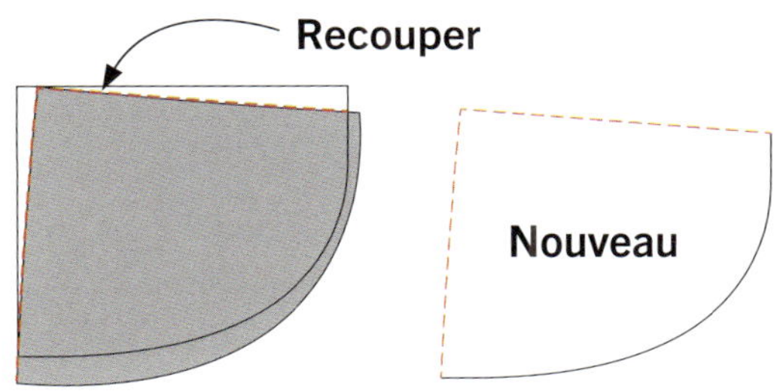

AJUSTER L'OUVERTURE DE POCHE

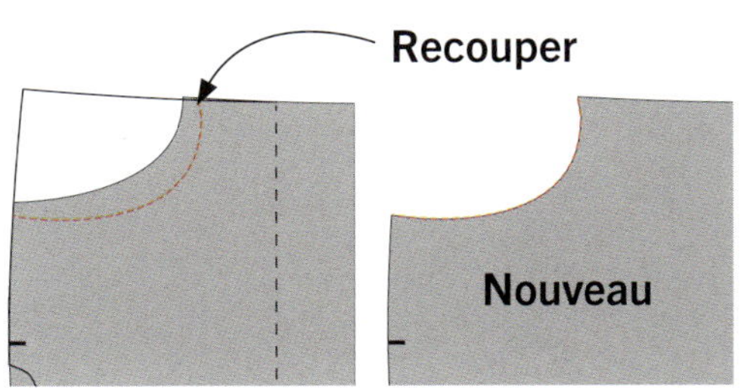

Option 1

Placez le fond de poche sur le jean et redessinez la nouvelle forme.

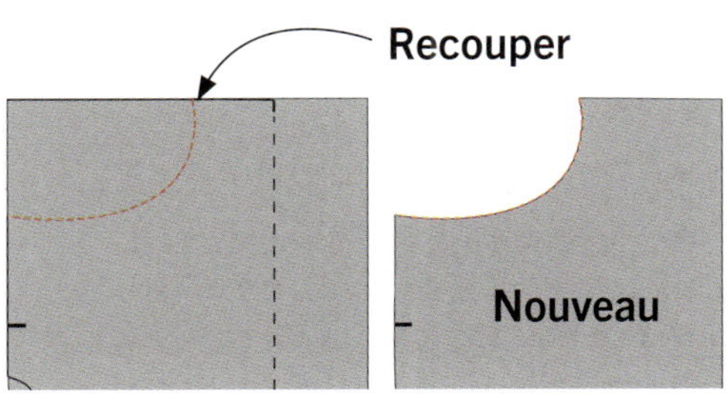

Option 2

Si les patrons de votre jean n'ont pas d'ouverture de poche dessinée, il vous suffit de reporter la ligne d'ouverture sur la toile et de retirer la partie en trop pour créer l'ouverture.

PIÈCES DE BRAGUETTE

Les pièces de patron de la braguette à boutons et de la braguette à fermeture à glissière du kit proposent une méthode professionnelle pour confectionner une braguette à boutons si votre patron n'en propose pas.

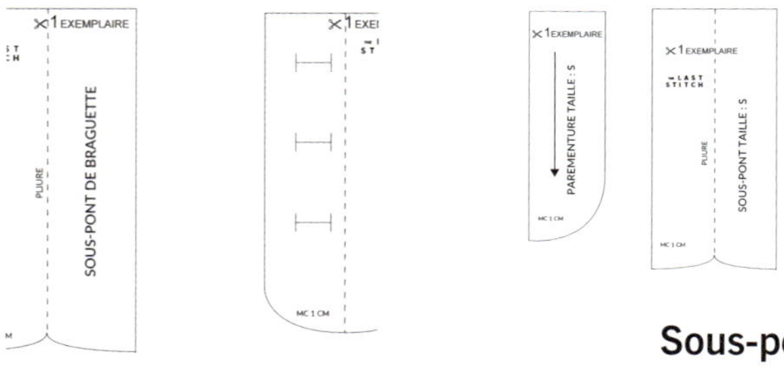

AJUSTER LES PIÈCES DE BRAGUETTE

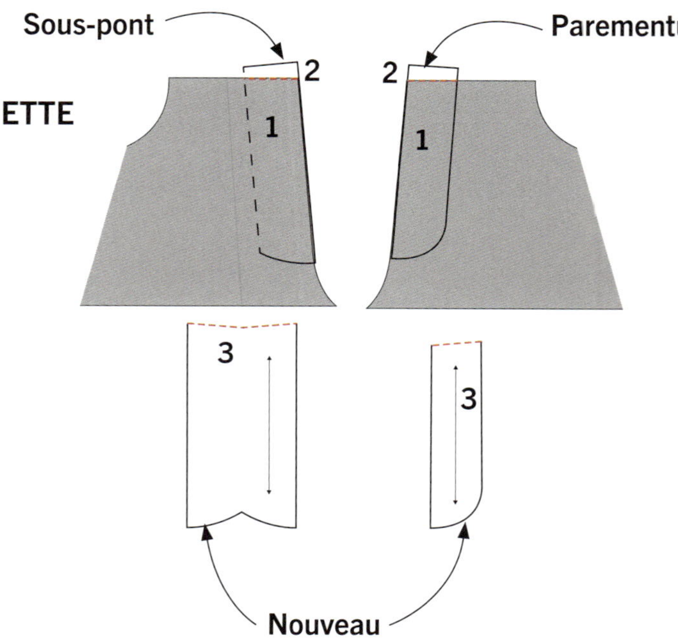

Les pièces de la braguette sont volontairement très longues pour pouvoir les retailler plus facilement. Vous pouvez les retailler après avoir assemblé la braguette ou ajuster le patron avant montage :

1. Placez la parementure et le sous-pont sur la pièce de patron devant et ajustez la longueur de façon à ce qu'elle coïncide avec celle de la fermeture à glissière ou de la patte de boutonnage que vous prévoyez d'utiliser.
2. Si la fourche devant n'est pas rectiligne, redessinez le haut du sous-pont et de la parementure de façon à ce que le patron suive la courbe de la couture de la fourche. Astuce : Pliez le sous-pont avant de le redessiner pour que les deux épaisseurs soient identiques.
3. Vous pouvez découper les pièces de patron de la braguette à la verticale dans le sens du droit-fil, même si la fourche est courbe.

RESSOURCES

RESSOURCES DU JEAN SOUS TOUTES SES COUTURES

thelaststitch.com/sewingjeans

La page internet à visiter pour tout ce qui concerne la confection de jeans et le guide de ressources qui accompagne ce livre. Vous y retrouverez des patrons de jean, des fournisseurs de denim et de mercerie, des tutoriels de couture, et bien plus encore.

LIVRES

Ajustement de patrons
Pants for Real People (Pati Palmer, Marta Alto)

The Complete Photo Guide to Perfect Fitting (Sarah Veblen)

Création de patrons
The Practical Guide to Patternmaking for Fashion Designers: Juniors, Misses and Women (Lori A. Knowles)

The Practical Guide to Patternmaking for Fashion Designers: Menswear (Lori A. Knowles)

Metric Pattern Cutting for Women's Wear (Winifred Aldrich)

Metric Pattern Cutting for Menswear (Winifred Aldrich)

Raccommodage
Mending Matters: Stitch, Patch, and Repair Your Favorite Denim (Katrina Rodabaugh)

Histoire et création du jean
Denim Branded: Jeanswear's Evolving Design Details (Nick Williams)

True Fit: A Collected History of Denim (Viktor Fredback)

INDEX

DROITS SUR LES IMAGES

Toutes les photographies ont été prises par Johanna Lundström et Anja Cederbom à l'exception de :

Racool Studio/Freepik : 6, 15, 178 ; Freepik : 80-81, 106-107, 118 ; 123RF.com : 80-81, 106-107, 118, 151 ; Pixabay : 13, 14, 16

Direction d'édition : Thierry Lamarre
Traduction : Nord Compo
Mise en pages, couverture : Nord Compo

Éditions Marie Claire
Publiées par Société d'Information et de Créations - SIC
Une société de Marie Claire Album
10, bd des Frères-Voisin 92792 Issy-les-Moulineaux CEDEX 9 - France
Tél. 01 41 46 88 88
RCS Nanterre 302 114 509
SARL au capital de 822.000 euros
© 2022, Éditions Marie Claire - Société d'Information et de Créations - SIC

Sewing jeans
Première édition en 2020 par The Last Stitch
Textes et création : Johanna Lundström
Conception de la couverture : Rhis Nauyac Bayucca
Photographie de la couverture : Johanna Lundström
Photographe principale : Johanna Lundström
Photographies supplémentaires : 123RF, Freepik, Pixabay, Anja Cederbom
Illustrations : Rhis Nauyac Bayucca, Vectorstock, Johanna Lundström

ISBN : 979-10-323-0739-7
N° Éditeur : 38369
Imprimé par Rotolito, Roumanie
Dépôt légal : octobre 2022

Certifié PEFC
Ce produit est issu de forêts gérées durablement et de sources contrôlées
PEFC/46-31-13
www.pefc.ro

www.sotrendoo.com

Tous droits réservés. La reproduction ou la transmission de cet ouvrage, même partielle, sous quelque forme que ce soit est soumise à l'autorisation écrite préalable de l'auteure.